MISIONA:MANUMALO

TAIALA MO LE SAVALI A KERISO

TAUESE FILEMONI FATIALOFA

Copyright © 2023 by Outcast Publishers

Cover design and photos © by Janice Brown

Edited by Feterika Setu-Galo

Interior book design by Lara Adegoke

Translated by Tauese Filemoni Fatialofa & Feterika Setu-Galo

Cover copyright © 2023 by Outcast Publishers

First edition: January 2024

The publisher is not responsible for websites (or their content) that are not owned by the publisher.

Bible verses are from the Samoan Old Version (SOV) published by the Bible Society of the South Pacific.

ISBNs: 978-0-6486157-1-2 (paperback)

UPU TOMUA

Ona o a'u o le auauna a le Atua, i le tusia ai o lenei tusi i le taimi ma le vaitau lenei ua tatou iai, o se taimi fa'anatinati. O tatou malaga mai ma o lo'o tatou folau pea i le tele o suiga. O ia suiga e le taumateina ua afaina ai lo tatou si'osi'omaga, nuu ma alalafaga e oo lava i mālo, i ta'ita'i ma so'o se tagata i so'o se savaliga o lenei olaga. To'atele foi tagata o lo'o iai ni fesili e fia maua se tali peita'i, o manatu o tagata ua fa'aseseina ai le upu moni. Ae ui i lea, o le Kerisiano o lo'o momo'e i le tu'uga o le Alofa Tunoa, ua filifilia oe e avea ma Savali a Keriso, o lau misiona, o le iloa o le Afioga a le Atua ina ia mafai ai ona o atu i le lalolagi atoa ma tala'i atu le tala lelei a Iesu Keriso.

O la'u tatalo ia fesoasoani lenei tusi ia te oe e savali ai i lau faigamalaga o se Kerisiano ma malamalama i faavae autu o lou fa'atuatuaga ina ia mafai ai ona e faatulagaina lelei lou fale ma tala'i atu i e o lo'o i ai i lou si'osi'omaga.

A o tatou o ese malie mai le taunuuga o le fa'ama'i o le lalolagi, ou te aioi atu i tane ma tamā e saunia se fata faitaulaga mo o latou aiga. E tāua tele le iloaina ma mautinoa tatou te feiloai ma Iesu ma fa'atasi ma Ia e pei ona folafola mai. O lea, ia fa'aoga lenei avanoa e saunia ai lou aiga i le manatunatu loloto i le Afioga a le Atua e ala i le taula'i atu lau vaai i le sini autu o le fa'atasi ma lo tatou Fa'aola. O lo'o fa'amalosia mai tatou i le tusi o Ioane lona mataupu e 14 ina ia aua le atuatuvale o tatou loto.

Ioane 14:1-2 (SOV) - Aua le atuatuvale o outou loto; ia outou faatuatua i le Atua, ia faatuatua mai foi ia te au. 2) E tele mea e nonofo ai i le maota o lo'u Tamā; ana leai, po ua ou fai atu ia te outou; ou te alu e sauni se mea e nonofo ai outou.

I le tusi a Isaia, na lu'ia ai e Esekia le Atua e ala i le tatalo, ma o le taunuuga, na suia le falelauasiga i se aso o le toe fa'aolaolaina ma tu'uina atu e le Atua ia te ia se isi 15 tausaga faaopoopo ma e pele ia te ia. O lenei tatalo e lē gata na a'afia ai lona olaga patino ae na iai sona a'afiaga tumau i le faiga o le lalolagi, ma fa'alautele atu ai le taimi o le tagata i le lalolagi. E ui ina fesiligia e saienitisi ma isi lenei faatuai, ae e ao ona tatou manatua e na o le Atua e silafia le taimi tonu o Lona toe afio mai. O Ia o Lē sa i ai, o lo'o soifua, ma o le a afio mai - o A'U O LE Silisili.

Isaia 38:1 (SOV) - O ona po ia na ma'i ai Esekia, ua tāli oti. Ona sau ai lea ia te ia o le perofeta o Isaia le atalii o Amota, ua fai mai ia te ia, O lo'o faapea ona fetalai mai o Ieova, Sauni ia sau mavaega i lou aiga, auā o le a e maliu, e te le soifua.

O lea la, o la'u apoapoaiga ia te outou o se Savali a Keriso, ia outou fa'amalolosi i le Alii ma le malosi o Lona mana. Ia faamanuia oe e Ieova, ma ia na tausi ia te oe; ia faamalamalamaina e Ieova ona fofoga i luga ia te oe, ma alofa atu ia te oe; ia faasaga mai e Ieova ona fofoga ia te oe, ma tuuina atu ia te oe le manuia. (Numera 6:24-26)

Mataupu

O le Tusi Paia 1

O le Atua 5

O le Tagata 9

Agasala 12

Iesu 17

Fa'aolataga 26

O le Agaga Paia 35

O agaga i le lalolagi 41

O le Lumana'i 45

O le Tulafono a Le Atua 52

O lau mafutaga ma le Atua 64

O Lau Mafutaga Ma Isi Tagata 73

O le Kerisiano Ma la Lava 79

O Le Olaga Kerisiano 85

O le Ola Fa'atumuina e le Agaga Paia 98

O Numera o le Tusi Paia 108

O Iesu Keriso I Tusi Uma O Le Tusi Paia 128

Po ua e mautinoa o oe o le Kerisiano? 149

Vaega 1

O le Tusi Paia

O le Tusi paia

O ai na tusia le Tusi Paia?

O le Tusi Paia o se tu'ufa'atasiga o tusitūsiga na tusia e tusitala eseese mo se vaitaimi. O le Feagaiga Tuai na tusia faapitoa lava i le gagana Eperu, ae o le Feagaiga Fou na tusia i le gagana Eleni. E le'i tusia le Tusi Paia e se tagata e to'atasi ae na tusia e le to'atele o tusitala o ē na faauuina e le Atua.

2 Peteru 1:21 (SOV) - Auā e le o le loto o tagata na tuu mai ai le valoaga anamua, a o tagata paia o le Atua na talatalaina mai ina ua osofia mai e le Agaga Paia.

O ā mea o iai i le Tusi Paia?

O le feagaiga tuai - 39 tusi
O le feagaiga fou - 27 tusi
Aofa'iga - 66 tusi

E ui ina na o Iesu Keriso na avea ma tagata i le Feagaiga Fou, ae sa faaalia mai o Ia i tusi uma o le Tusi Paia mai le Kenese e oo i le tusi o Faaaliga.

O le Tusi paia

E fa'apefea ona ese le Tusi Paia mai isi tusi uma?

E na o le pau lea o le tusi i le lalolagi atoa ua fa'auuina atoatoa e le Atua.

2 Timoteo 3:16-17 (SOV) - O Tusi Paia uma lava e mai le Agaga o le Atua ia, e aoga foi ia e a'oa'o ai, e aoai ai, e faatonu ai, e faapoto ai foi i le amiotonu, 17) ina ia atoatoa ona lelei ai o le tagata o le Atua, ia saunia lava ia i galuega lelei uma lava.

Aiseā na foa'i mai ai e le Atua iā i tatou le Tusi Paia?

Na tu'uina mai e le Atua ia i tatou le Tusi Paia e fa'ailoa mai ai ia i tatou le ala i le faaolataga ma aoao i tatou i le ala e ola ai mo Ia.

Salamo 119:9, 11, 105 (SOV) - E faapefea ea ona faamamāina e le taulealea o lona ala? Ona ua tausi i ai e tusa ma lau afioga. 11) Ua ou teu i lo'u loto lau afioga, ina ne'i ou agasala ia te oe. 105) O lau afioga o le

O le Tusi paia

sulu lea i o'u vae, ma le malamalama i lo'u ala.

Vaega 2

O le Atua

O le Atua

O ai le Atua?

O le Atua o le agaga

Ioane 4:24 (SOV) - O le Atua o le agaga lava ia; o e tapuai ia te ia, e tatau ona tapuai atu ai i le agaga ma le faamaoni.

E toafia ni Atua?

E na o le tasi le Atua moni.

Teuteronome 6:4 (SOV) - Isaraelu e, faalogologo mai ia, o Ieova lo tatou Atua, o Ieova e toatasi lava ia.

E toafia peresona o le Tolu Tasi Paia?

E tolu peresona o le Tolu Tasi Paia.
   1. Tamā
   2. Alo
   3. Agaga Paia

O ā itu matautia o le Atua?

E lelei le Atua - E Paia - E ou le mana uma lava - E silafia mea uma - E faavavau o Ia.

O le Atua

Esoto 34:6 (SOV) - Ua afio ane foi Ieova i ona luma, ma na ta'u mai, O Ieova, o Ieova, o le Atua alofa mutimutivale ma le alofa fua, e telegese lona toasa, a e tele le alofa ma le faamaoni;

Levitiko 11:44 (SOV) - Auā o a'u o Ieova lo outou Atua; ia faapaiaina outou e outou, ma ia paia outou; auā e paia lava a'u; aua lava ne'i leaga outou i ni mea fetolofi e fetolofi i luga o le eleele.

Tanielu 4:35 (SOV) - O i latou uma o e nonofo i le lalolagi, ua peiseai ua leai i latou; ua ia faia foi e tusa ma lona finagalo i 'au o le lagi, atoa ma e o nonofo i le lalolagi; e leai se tasi na te taofia lona aao, pe fai atu ia te ia, O le a ea le mea e te fai na?

Eperu 4:13 (SOV) - E le lilo foi se tasi mea na faia i ona luma, a ua taatia fua ma ua aliali mai o mea uma lava i lana silafaga, tatou te ta'u atu ia te ia a tatou amio.

Faaaliga 10:5 (SOV) - O le agelu foi na iloa e a'u ua tu i le sami ma le fanua, ua sii ae e ia lona lima i le lagi, 6 ma ua tauto i le o soifua e faavavau faavavau lava, o le na faia le lagi ma mea o i ai, ma le fanua ma

O le Atua

mea o i ai, ma le sami ma mea o i ai, e le toe ai ni aso;

O ā o tatou uiga e tatau ona iai i le Atua?

E tatau ona tatou alolofa i le Atua nai lo isi mea uma

Mataio 22: 37 (SOV) - Ona fetalai atu ai lea o Iesu ia te ia, E te alofa atu i le Alii lou Atua ma lou loto atoa, ma lou agaga atoa, ma lou manatu atoa.

Vaega 3

O le Tagata

O le Tagata

Na fa'apefea ona faia e le Atua le tagata?

Na faia e le Atua le tagata mai le efuefu o le eleele ma mānava i totonu ia te ia ina ia maua ai le ola.

Kenese 2:7 (SOV) - Ona faia lea e Ieova le Atua o le tagata i le efuefu o le eleele, ma ua mānava i ona pogaiisu o le mānava ola, ona avea ai lea o le tagata ma tagata ola.

Kenese 1:26 (SOV) - Ona fetalai ane lea o le Atua, Ina tatou faia ia o le tagata i lo tatou faatusa, ia foliga ia i tatou; ia pule foi i latou i i'a i le sami, ma manu felelei, ma manu vaefa, ma le laueleele uma, atoa ma mea fetolofi uma e fetolofi i le eleele.

Kenese 1:27 (SOV) - Ona faia lea e le Atua o le tagata i lona faatusa, o le faatusa o le Atua na ia faia ai o ia; na faia e ia o i laua o le tane ma le fafine.

Aiseā na faia ai e le Atua le tagata?

Na Ia faia le tagata mo Lona lava mamalu ma lona viiga.

O le Tagata

Isaiah 43:7 (SOV) - o i latou uma ua igoa i lo'u igoa, na ou faia ia viia ai a'u; na a'u gaosia ma ou faia lava i latou.

O le ā le tulaga o le tagata ina ua faatoā foafoaina?

Sa atoatoa o ia i le tino, agaga ma le mafaufau.

Kenese 1:26 (SOV) - Ona fetalai ane lea ole Atua, ina tatou faia ia o le tagata i lo tatou faatusa, ia foliga ia i tatou; ia pule foi i latou i i'a i le sami, ma manu felelei, ma manu vaefa, ma le laueleele uma, atoa ma mea fetolofi uma e fetolofi i le eleele.

Pe na tumau ea le tagata i lenei tulaga lelei atoatoa?

E leai, na ia lē usita'i i le Atua ma pa'ū ai mai i lona tulaga lelei atoatoa.

Roma 5:19 (SOV) - Auā faapei ona avea ma agasala o le toatele i le le anaana o le tagata e toatasi, e faapea foi ona avea ma amiotonu o le toatele i le anaana o le toatasi.

Vaega 4

Agasala

Agasala

O le agasala o le le usitaia lea o tulafono a le Atua.

1 Ioane 3:4 (SOV) - O i latou uma lava o e fai le agasala, ua latou soli foi i tulafono; o le agasala o le solitulafono lava lea.

O ai na aumaia le agasala i le lalolagi?

Na fa'aosoosoina e Satani le tagata ia agasala ma gauai atu ai le tagata i lena fa'aosoosoga.

1 Ioane 3:8 (SOV) - O lē fai le agasala, mai le tiapolo lava ia; auā ua agasala le tiapolo talu le amataga. O le mea lava lea na faaalia mai ai le Alo o le Atua, ina ia faaumatia e ia galuega a le tiapolo.

Talu ai na fa'aosoosoina e Satani le tagata e agasala, pe na tuua'ia ea le tagata i lana agasala?

Ioe, auā sa iā te ia le sa'olotoga e filifili ai e lē loto atu i faaosoosoga.

Iakopo 1:13-14 (SOV) - A faaosoosoina se tasi, aua le faapea, Ua faaosoosoina a'u mai le Atua; auā e le mafai ona faaosoosoina o le Atua i mea leaga, e le faaososo atu foi o ia i se tasi; 14) a ua taitasi ma faaosoosoina, pe a tosina ma maileia i lona lava tu'inanau;

O le a le mea na tupu i le tagata ina ua agasala?

E amata loa ona galue le oti i le agaga, mafaufau ma le tino.

Roma 5:12 (SOV) - O lenei faapei ona oo mai o le agasala i le lalolagi i le tagata e toatasi, o le oti foi ona o le agasala, ona oo mai ai lea o le oti i tagata uma lava, auā ua agasala uma lava;

O i ai ea le agasala i le lalolagi i aso nei?

Ioe, o le mea lea ua agasala ai tagata uma ma ua le oo i le mamalu o le Atua. E i ai le taua i le va o le agaga ma le tino ma le mafaufau o le malae tau lea.

Roma 3:23 (SOV) - Auā ua agasala tagata uma lava, ma ua le oo i le viiga mai le Atua;

Kalatia 5:16-21 (SOV) - Ou te fai atu, ia outou savavali i la le Agaga, ona le faia lea e outou o le tu'inanau o le tino. 17) Auā o le tino ua tu'inanau lea e tetee atu

Agasala

i le Agaga, ua tu'inanau foi le Agaga e tetee atu i le tino; ua feteenai foi ia mea, o le mea lea tou te le fai ai mea tou te loto i ai. 18) A e afai e ta'ita'iina outou e le Agaga, ua le nonofo outou i le tulafono. 19) Ua iloa tino foi galuega a le tino, o mea faapenei; o le mulilua, o le faitaaga, o le amio leaga, o le matāitu, 20) o le ifo i tupua, o le fai togafiti faataulāitu, o le feitagai, o le femisai, o le losilosi vale, o le lotoa, o le finau vale, o le fevaevaeaiga, o maseiga, 21) o le mataua, o le fasioti tagata, o le onaga, o le poula, ma mea faapena; ou te muai ta'u atu nei ia te outou, pei ona ou fai atu anamua, o e faia mea faapena, e le fai le malo o le Atua mo latou tofi.

O le a le faasalaga o le agasala?

O le faasalaga o le agasala o le oti, ma le faasalaga e faavavau.

Roma 6:23 (SOV) – Auā o le oti, o le totogi lea o le agasala; a o le ola e faavavau, o le mea foaifuaina mai lea e le Atua, i lo tatou Alii o Keriso Iesu.

Agasala

Iakopo 1:15 (SOV) - pe a to le tu'inanau ona fanau mai ai lea o le agasala; a matua le agasala ona fanaua mai ai lea o le oti.

E fa'apefea ona tatou sao mai le fa'asalaga o le agasala?

E mafai ona tatou sao mai le fa'asalaga o le agasala i le na o le taliaina o Iesu Keriso o lo tatou Fa'aola

Roma 5:8 (SOV) - a ua faaalitinoina mai e le Atua lona lava alofa ia te i tatou, ina ua maliu Keriso ma sui o i tatou, a o tatou agasala pea.

Mataio 1:21 (SOV) - E fanau mai e ia le tama tane, e te faaigoa foi ia te ia o Iesu; auā e faaola e ia lona nuu ai a latou agasala.

Vaega 5

Iesu

Iesu

O ai Iesu Keriso?

O Iesu Keriso o le Alo e toatasi o le Atua, o le atalii foi o le tagata. Na fanau o ia i le taupou o Maria.

Luka 1:30-33 (SOV) - Ua fai mai foi le agelu ia te ia, Maria e, aua e te fefe; auā ua alofaina mai oe e le Atua. 31) Faauta foi, o le a to oe, ma e fanauina se tama tane, e te faaigoa ia te ia o Iesu. 32) E sili o ia, e ta'ua foi o le Alo o le Silisili ese; e foai atu e le Alii o le Atua ia te ia le nofoaga a Tavita lona tamā; 33) E fai o ia ma tupu i le aiga o Iakopo e faavavau; o lona malo foi e leai sona gataaga.

O le ā le uiga o le suafa o Iesu?

O le uiga o Iesu o le faaola

Mataio 1:21 (SOV) - E fanau mai e ia le tama tane, e te faaigoa foi ia te ia o Iesu; auā e faaola e ia lona nuu ai a latou agasala.

O le a le uiga o le upu Keriso?

O lona uiga o le ua fa'auuina po o le Mesia.

Iesu

Mataio 16:16 (SOV) - Ona tali mai ai lea o Simona Peteru, ua faapea mai, O oe o le Keriso, o le Alo o le Atua soifua

Isaiah 61:1 (SOV) - Ua i o'u luga le Agaga o le Alii o Ieova; auā ua faauuina a'u e Ieova e tala'i le tala lelei i e ua tigaina, ua ia auina mai a'u e fufusi i e loto momomo, e tala'i le saolotoga i le tafeaga, ma le matuā tatalaina o e ua fusifusia.

O ai le Tamā o Iesu?

O le Atua o le Tamā o Iesu.

2 Peteru 1:17 (SOV) - Auā na maua e ia mai le Atua le Tamā o le mamalu ma le viiga, ina ua tūlei mai ia te ia le siufofoga lava nai le mamalu silisili ese, ua faapea mai, O lo'u Atalii pele lenei, ou te fiafia lava ia te ia.

O ai le tinā o Iesu?

O Maria o le tinā o Iesu.

Luka 1:30-31 (SOV) - Ua fai mai foi le agelu ia te ia, Maria e, aua e te fefe; auā ua alofaina mai oe e le Atua. 31) Faauta foi, o le a to oe, ma e fanauina se tama tane, e te faaigoa ia te ia o Iesu.

Pe avea Iesu ma se tagata soifua?

Ioe, o Iesu o le tagata ma le Atua. E lua ona natura i totonu o tagata.

Roma 1:3-4 (SOV) - I lona Alo o Iesu Keriso lo tatou Alii, o le na fanau mai i le aiga o Tavita i la le tino, 4) o le faasinotonuina mai o le Alo o le Atua o ia ma le mana, i la le agaga e paia lea, i le toe tu mai nai e ua oti;

Aiseā na afio mai ai Iesu i le lalolagi?

Na afio mai Iesu i le lalolagi e laveai le tagata mai le agasala.

Mataio 20:28 (SOV) - E pei o le Atalii o le tagata e lei sau ia ina ia auauna mai tagata ia te ia, a ia auauna atu ia, ma foaiina atu lona ola e fai ma togiola e sui a'i tagata e toatele.

Luka 19:10 (SOV) - Auā ua sau le Atalii o le tagata e saili ma faaola i le na le iloa.

Na fa'apefea ona fa'asaoina e Iesu le tagata mai le agasala?

Iesu

Na maliu Iesu i luga o le satauro i Kalevaria e laveai ai le tagata mai le agasala.

1 Ioane 1:7 (SOV) - A e afai tatou te savavali i le malamalama, faapei ona i ai o ia i le malamalama, ona tatou mafuta faatasi ai lea o le tasi ma le tasi, o le toto foi o Iesu Keriso lona Alo e faamamāina ai i tatou i agasala uma lava.

1 Peteru 1:18-19 (SOV) - Auā ua outou iloa e lei togiolaina outou i mea e pala, o le ario po o le auro, nai la outou amio le aoga na tuuina mai e o outou tamā; 19) a o le toto tauā o Keriso pei o lo le tamai mamoe e le ponā lava, e leai foi sona leaga.

Ua fa'aolaina ea tagata uma talu ona maliu Iesu mo i tatou?

E tatau i tagata ta'ito'atasi ona talia Iesu o lona lava Fa'aola, a leai o le a le lavea'iina o ia e le maliu o Iesu.

Mataio 16:15-16 (SOV) - Ona fetalai atu lea o ia ia te i latou, A o outou, pe se a la outou upu ia te au, po o ai? 16) Ona tali mai ai lea o Simona Peteru, ua faapea mai, O oe o le Keriso, o le Alo o le Atua soifua.

Iesu

Ioane 3:16-18, 36 (SOV) - Auā ua faapea lava ona alofa mai o le Atua i le lalolagi, ua ia aumai ai lona Atalii e toatasi, ina ia le fano se tasi e faatuatua ia te ia, a ia maua e ia le ola e faavavau. 17) Auā e lei auina mai e le Atua lona Atalii i le lalolagi ina ia faasala i le lalolagi, a ia faaolaina le lalolagi ia te ia. 18) O lē faatuatua ia te ia, e le faasalaina o ia; a o le lē faatuatua, ua nofosala nei lava o ia, auā e lei faatuatua lava ia i le igoa o le Atalii e toatasi o le Atua. 36) O lē faatuatua i le Alo, ua ia te ia le ola e faavavau; a o le le faatuatua i le Alo e le iloa e ia le ola, a o le toasa o le Atua o lo'o tumau lava i ona luga.

O le a le mea ofoofogia na tupu i aso e tolu ina ua mavae le fa'asatauroina?

Na toe tu Iesu mai le oti ma sa vaaia e ona so'o.

1 Korinito 15:4-7 (SOV) - na tanu foi o ia, ma toe tu mai i le aso tolu, pei o upu ua i Tusi. 5) Na iloa foi o ia e Kefa, ona iloa lea e le toasefulu ma le toalua. 6) Ona toe iloa lea o ia e le au uso e lima selau ma ona tupu ina ua faatasi; o le toatele foi o i latou o ola mai, ua oo i ona po nei; a o isi ua momoe. 7) Ona toe iloa lea o ia e Iakopo, ona iloa lea e le au aposetolo uma.

O le ā le mea na faamaonia i le toetū o Iesu?

O le toetu o Iesu ua fa'amaonia ai o Ia o le Alo o le Atua.

Roma 1:4 (SOV) o le faasinotonuina mai o le Alo o le Atua o ia ma le mana, i la le agaga e paia lea, i le toe tu mai nai e ua oti;

O le a le mea mulimuli na oo ia Iesu?

Na afio a'e o Ia i le Lagi a o va'avaai atu Ona soo.

Luka 24:50-51 (SOV) - Ua ave e ia ia te i latou i tua, ua oo lava i Petania; ona sisii ai lea o ona aao, ma faamanuia ia te i latou. 51) Ua oo ina o faamanuia e ia ia te i latou, ona te'a ese lea o ia ia te i latou, ua siitia i le lagi.

O lea se mea o lo'o fai e Iesu i le taimi nei?

Iesu

O lo'o nofo Iesu i le itu taumatau o lona Tamā ma talanoa ma Ia e uiga i o tatou manaoga.

Eperu 8:1 (SOV) - O le aano lenei o mea o lo'o tautala ai nei, ua ia i tatou le faitaulaga silisili e faapena, o le ua nofo i le itu taumatau o le nofoālii o lē Silisili ese o i le lagi,

Eperu 7:24-25 (SOV) - peitai o ia ua tumau e faavavau, o le mea lea ua i ai ia te ia le faiva o faitaulaga e tumau pea; 25) o le mea foi lea e mafai ai ia te ia ona faaola pea lava i e faalatalata atu i le Atua ona o ia, auā o lo'o soifua pea ia e fautua mo i latou.

1 Ioane 2:1 (SOV) - Si a'u fanau e, ou te tusi atu nei mea ia te outou, ina ne'i agasala outou; pe afai foi e agasala se tasi, o ia te i tatou le fautua i luma o le Tamā, o Iesu Keriso lea, o lē amiotonu.

E toe afio mai ea Iesu i le lalolagi?

Ioe, o le a toe afio mai Iesu i le ala lava lea e tasi na ia afio ese ai.

Galuega 1:11 (SOV) - Ua la fai mai, O outou tagata Kalilaia e, se a le mea tou te tutū ai, ma vaavaai i le lagi? O Iesu lena, ua aveina ae nai ia te outou i le lagi, e faapea ona toe afio mai o ia, pei o lona afio atu i le lagi na outou vaavaai i ai.

1 Tesalonia 4:16-17 (SOV) Auā e afio ifo mai le lagi le Alii lava, ma le alaga, ma le leo o le agelu sili, ma le pu a le Atua; e muamua foi ona toe tutū mai o e ua oti o ia Keriso; 17) ona faafuasei lea ona aveina ae o i tatou o e ola ma totoe, faatasi ma i latou i ao, ina ia fetaiai ma le Alii i le va nimonimo; ona tatou faatasi pea lava lea ma le Alii.

Vaega 6

Fa'aolataga

Fa'aolataga

O le a le uiga o le faaolataga?

O le faaolataga o lona uiga o le fa'asaolotoina mai le agasala ma lona fa'asalaga.

Roma 5:9 (SOV) - O lenei, ua ta'uamiotonuina nei i tatou i lona toto, e le faaolaina ea i tatou e ia ai le toasa i se a?

Efeso 2:13-14 (SOV) - A o ona po nei, ona o Keriso Iesu, o outou sa vava mamao anamua ua faalatalataina mai ai i le toto o Keriso. 14) Auā o ia tatou te lelei ai, ua na faia ia tasi e sa faalua, na na sŏloia foi le pa vaeloto sa vaeluaina ai;

Faaaliga 1:5 (SOV) - mai ia Iesu Keriso foi, o le molimau faamaoni, o le ulumatua o e ua oti, ma le pule i tupu o le lalolagi. O le na alofa mai ia te i tatou, na ia fufulu mai foi ia te i tatou i a tatou agasala i lona lava toto,

Aiseā e mana'omia ai ona fa'aolaina i tatou?

E tatau ona fa'aolaina i tatou ona ua tatou agasala uma ma fa'asalaina i le oti e fa'avavau.

Fa'aolataga

Esekielu 18:4 (SOV) - Faauta, o agaga uma, o o'u lava i latou; e pei o le agaga o le tamā ona fai mo'u, e faapea foi le agaga o le atalii; o le tagata e agasala e oti ia.

Roma 3:23 (SOV) - Auā ua agasala tagata uma lava, ma ua le oo i le viiga mai le Atua;

Roma 6:23 (SOV) - Auā o le oti, o le totogi lea o le agasala; a o le ola e faavavau, o le mea foaifuaina mai lea e le Atua, i lo tatou Alii o Keriso Iesu.

O lea le mea e tatau ona tatou faia ina ia maua ai le faaolataga?

E tatau ona tatou talitonu i le Alii o Iesu Keriso.

Mareko 16:15-16 (SOV) - Ua fetalai atu foi o ia ia te i latou, O atu ia outou i le lalolagi uma, ina tala'i atu ai le tala lenei i tagata uma lava. 16) O lē faatuatua ma papatisoina, e faaolaina ia; a o le lē faatuatua, e faasalaina ia.

Galuega 2:38 (SOV) - Ona fai atu lea o Peteru ia te i latou, Ina salamo ia, ma ia taitasi ma papatisoina outou uma i le suafa o Iesu Keriso, mo le faamagaloina o agasala; ona *maua lea e outou o le mea foai fua mai, o le Agaga Paia lea.*

O le a le auala e tatau ai ona tatou talitonu i le Alii o Iesu Keriso ina ia maua ai le faaolataga?

E tatau ona tatou talitonu i le mea o lo'o a'oa'o mai e le afioga a le Atua tatou te talia Iesu e avea ma lo tatou Ali'i ma le Fa'aola ina ia mafai ona Ia aveina i tatou i le lagi.

Ioane 20:31 (SOV) - A ua tusia ia mea, ina ia talitonu ai outou, o Iesu o le Keriso lava ia, o le Alo o le Atua; ina ia maua ai foi le ola i lona suafa e outou o e talitonu.

O le a se mea e tatau ona tatou faia e uiga ia tatou agasala?

E tatau ona tatou salamo, ole atu i le Atua e ala ia Keriso e faamagalo ma faamamaina i tatou mai agasala uma.

2 Korinito 7:10 (SOV) - Auā o le tiga e tusa i le Atua e tupu ai le salamo e oo i le ola e le toe salamo ai; a o le tiga faalelalolagi e tupu ai le oti.

Fa'aolataga

1 Ioane 1:9 (SOV) - a e afai tatou te faaali a tatou agasala, e faamaoni o ia, ma le amiotonu e faamagalo ai a tatou agasala, ma faamamā mai ia i tatou i amioletonu uma lava.

O le a le mea e tupu ia i tatou pe a tatou taliaina Iesu Keriso o lo tatou fa'aola?

Ua toe fanauina i tatou i le aiga o le Atua, o le uiga lea o le fetalaiga a Iesu e tatau ona tatou toe fanaufouina.

Ioane 3:3, 5 (SOV) - Ua tali atu Iesu, ua faapea atu ia te ia, E moni, e moni, ou te fai atu ia te oe, a le toe fanau le tagata, e le mafai ona iloa e ia o le malo o le Atua. 5) Ua tali atu Iesu, E moni, e moni, ou te fai atu ia te oe, afai e le fanau se tasi i le vai ma le Agaga, e le mafai ona sao o ia i le malo o le Atua.

2 Korinito 5:17 (SOV) O lenei, afai o ia Keriso se tasi, o le tagata fou ia; ua mavae mea tuai, faauta, ua faafouina mea uma.

O le a le uiga o le ta'uamiotonuina?

O le ta'uamiotonuina o lona uiga o le faamamaina atoatoa o oe mai agasala uma lava. A fa'amagalo e le Atua a tatou agasala, e aveese uma o tatou sesē ma ua Ia fetalai mai ua tatou amiotonu nei e pei tatou lei faia lava se mea sese.

Roma 5:1 (SOV) - O lenei, ua ta'uamiotonuina i tatou i le fa'atuatua, o lea ua tatou lelei ai ma le Atua, ona o lo tatou Ali'i o Iesu Keriso;

O le a le uiga o le vaetamaina e le Atua?

O le vaetamaina o lona uiga ua faia e le Atua i tatou o Ana fanau ma tuuina mai ia i tatou aia tatau uma o le tofi e patino i atali'i ma afafine o le Atua.

Roma 8:16-17 (SOV) - O lo'o molimau mai lea lava Agaga i o tatou agaga, o fanau i tatou a le Atua. 17) Afai foi o fanau i tatou, o suli foi, o suli lava o le Atua, o suli faatasi ma Keriso; pe afai tatou te tiga faatasi ma ia, ina ia faamanuiaina foi i tatou faatasi ma ia.

E fa'apefea ona tatou iloa ua fa'aolaina i tatou?

O le taimi lava tatou te tuuina atu ai o tatou ola i le puleaga o Iesu Keriso ma talitonu na Ia maliu i luga o le satauro e

Fa'aolataga

faamagalo a tatou agasala, ua fa'aolaina i tatou.

Roma 10:9-10 (SOV) - afai e te ta'utino i lou gutu i le Alii o Iesu, ma talitonu i lou loto ua toe faatuina mai o ia e le Atua nai e ua oti, e faaolaina ai oe; 10) auā o le loto e talitonu ai, e oo mai ai le amiotonu; a o le gutu e ta'utino ai, e oo mai ai le ola.

1 Ioane 3:14 (SOV) - O i tatou, ua tatou iloa ua oo i tatou i le ola sa i le oti, auā o lo'o alolofa i tatou i le au uso; o se le alofa i le uso, o lo'o tumau ia i le oti.

O lea le uiga o le faapaiaina?

O le fa'amamaina atoatoa ma fa'apaiaina o le tino, mafaufau, ma le agaga mai agasala ae tu'uina atu atoatoa i le Atua.

1 Tesalonia 5:23 (SOV) - Ia atoatoa ona faapaiaina o outou e le Atua lava e ona le manuia; ia tausia lava lo outou agaga atoa uma, i le ma le loto, atoa ma le tino, ia le mata'uleagaina, i le afio mai o lo tatou Alii o Iesu Keriso.

Fa'aolataga

Poo le finagalo ea o le Atua ia fa'apaiaina Kerisiano uma?

Ioe, o le finagalo o le Atua ia paia i tatou pei ona paia o Ia.

1 Tesalonia 4:3 (SOV) O le finagalo foi lenei o le Atua, ia fa'apaiaina outou, ina ia fa'amamao outou ma le faitaaga;
Eperu 12:14 (SOV) - Ia outou tausisi i le filemu ma tagata uma lava, i le ma le amio lelei, a aunoa ma lea, e leai se tasi na te iloa atu le Alii.

O lea le fa'amalologa?

O le fa'amalologa paia ma le atoatoa o le fa'aalia lea o le mana mata'utia o le Atua lava ia e aumaia le malologa i le loto, mafaufau ma le tino o le tagata.

Iakopo 5:14-15 (SOV) - Ua ma'i ea so outou? ina aami atu ia i toeaina o le ekalesia, ia latou tatalo mo ia, pe a uma ona faauu ia te ia i le suāuu i le suafa o le Alii. 15) O le tatalo foi e faia i le faatuatua e faaolaina ai le ma'i, e faatuina foi o ia e le Alii; afai foi ua agasala, e fa'amagaloina ia.

Fa'aolataga

Pe na iai le fa'amalologa paia i mea uma ia na tutupu ia Iesu i Kalevaria ?

Ioe, na iai le fa'amalologa paia i le galuega mae'a a Keriso i Kalevaria.

Mataio 8:16-17 (NIV) - Ua oo i le afiafi, ona latou au mai ai lea ia te ia o tagata e toatele ua uluitinoina e temoni; ona ia tulia ai lea o agaga i le upu lava, ua faamaloloina foi e ia o i latou uma na mamai. 17) Ona taunuu ai lea o le upu a le perofeta o Isaia, ua faapea mai, O ia lava na na aveina o tatou vaivai, ma na tauave o tatou ma'i.

Vaega 7

O le Agaga Paia

O le Agaga Paia

O ai le Agaga Paia?

O le Agaga Paia o le Atua. O le Peresona lona tolu lea o le Tafatolu ua ta'ua o le Tolutasi paia. O le agaga o le Atua.
O le agaga o Keriso. O ia o le Fesoasoani.

Mataio 28:19 (SOV) - O lenei, ia outou o atu e fai nuu uma lava ma soo, ma papatiso atu ia te i latou i le suafa o le Tamā, ma le Atalii, ma le Agaga Paia;

E fa'apefea ona e iloa o le Agaga Paia o le Atua?

O le Agaga Paia e pei lava o le Atua le Tama i mea uma lava. O Ia e fa'avavau, E ou le mana uma lava. Na te silafia mea uma lava. E afio i mea uma lava i soo se taimi. E galulue fa'atasi foi le Agaga ma le Tama ma le Alo.

Eperu 9:14 (SOV) - e le sili ea ona faamamāina o outou loto fuatia ifo ai galuega e oti ai, i le toto o Keriso, o le na avatua o ia e ia e le Agaga e faavavau e fai ma taulaga e le ponā i le Atua, ina ia outou auauna i le Atua soifua?

O le Agaga Paia

Ioane 1:32 (SOV) - Ua molimau foi Ioane, ua faapea, Na ou iloa le Agaga ua afio ifo mai le lagi, peiseai se lupe, ua nofo i ona luga. 1 Korinito 2:10 (SOV) - A ua faaalia mai ia mea e le Atua ia te i matou e lona Agaga; auā e suesue ifo le Agaga i mea uma, o mea loloto foi a le Atua.

O lea se ata fa'ata'ita'i tatou te iloa ai le galulue fa'atasi o le Tamā ma le Alo ma le Agaga Paia?

O lo'o galulue fa'atasi le Agaga Paia fa'atasi ma le Tamā ma le Alo e fa'atino mea uma oi totonu o lana upu.

Kenese 1:2-3 (SOV) - Sa soona nunumi le lalolagi ma ua gaogao, sa ufitia foi le moana i le pouliuli; na fegaoioiai foi le Agaga o le Atua i le fogātai. 3) Ua fetalai mai le Atua, Ia malamalama; ona malamalama ai lea.

Iopu 33:4 (SOV) - Na faia a'u e le Agaga o le Atua; o le mānava foi a Le e ona le malosi uma lava ua ola ai a'u.

Pe sa iai le Agaga Paia i taimi o le Feagaiga Tuai?

O le Agaga Paia

Ioe, sa iai le Agaga Paia i taimi o le Feagaiga Tuai e fesoasoani i tagata e auauna i le Atua.

Kenese 6:3 (SOV) - Ona fetalai ane lea o Ieova, E le faavavau ona finau o lo'u Agaga ma tagata, auā ua na o tagata i latou; a o latou aso e selau ma le luafulu o tausaga ia.

Kenese 41:38 (SOV) - Ona fai ane ai lea o Farao i ana auauna, Pe tatou te maua ea se tusa ma lenei tagata, o le ua i ai le Agaga o le Atua?

O lea se vaega o lo'o faia e le Agaga Paia i lo tatou fa'aolataga?

O lo'o fesoasoani e musumusu atu i le taimi e te agasala ai, e matua sese lava i luma o le Atua lau mea na e fai. E fesoasoani atu e tatau ona e talia Iesu i lou loto pei o la Iesu, e leai se tasi e sau ia te a'u pe a le tosina mai e le Agaga Paia. Na te matuā suia lava o tatou olaga. Lea e ta'ua o le fanaufouina po'o le fa'afouina.

Ioane 3:5 (SOV) - Ua tali atu Iesu, E moni, e moni, ou te fai atu ia te oe, afai e le

O le Agaga Paia

fanau se tasi i le vai ma le Agaga, e le mafai ona sao o ia i le malo o le Atua.

Ioane 16:8 (SOV) - A maliu mai foi o ia, na te faailoa atu i le lalolagi le agasala, ma le amiotonu, ma le faamasinoga.

1 Korinito 12:3 (SOV) - O lenei, ou te faailoa atu ia te outou, e leai lava se tagata e tautala i le Agaga o le Atua na te ta'uanatemaina o Iesu; e leai foi se tasi na te mafaia ona ta'ua o Iesu o le Alii, a le se anoa le Agaga Paia

Pe afio le Agaga Paia i totonu o tagata talitonu uma?

Ioe e afio mai le Agaga Paia i totonu o tagata uma pe a fanaufouina.

Roma 8:9,15 (SOV) - A o outou, tou te le i la le tino, a e i la le Agaga, pe afai e nofo le Agaga o le Atua i totonu ia te outou. Ai se tasi ua le ia te ia le Agaga o Keriso, e le fai lea mona. 15) Auā ua outou le maua le agaga o le pologa, e toe fefefe ai; a ua outou maua le Agaga o tamafai, tou te valaau atu ai, Ava, le Tamā e.

O le Agaga Paia

Kalatia 4:6 (SOV) - O atalii outou, o le mea lea ua auina mai ai e le Atua le Agaga o lona Alo i o outou loto, o valaau, Ava, le Tamā e.

Po ua papatisoina tagata talitonu uma i le Agaga Paia?

E leai, a'o kerisiano i le taimi nei e tatau ona saili i le papatisoga i le Agaga Paia ina ua uma ona fanaufouina ma papatisoina i le vai.

Galuega 2:38-39 (SOV) - Ona fai atu lea o Peteru ia te i latou, Ina salamo ia, ma ia taitasi ma papatisoina outou uma i le suafa o Iesu Keriso, mo le faamagaloina o agasala; ona maua lea e outou o le mea foai fua mai, o le Agaga Paia lea. 39) Auā o ia te outou ma a outou fanau le mea ua folafolaina mai, atoa ma e o mamao uma lava, o i latou uma e valaauina e le Alii lo tatou Atua.

Vaega 8

O agaga i le lalolagi

O agaga I le lalolagi

O a agelu?

O agelu o agaga le vaaia e lauiloa foi o avefeau na faia e le Atua.

Eperu 1:13-14 (SOV) - A o anafea na fetalai atu ai o ia i se tasi o le au agelu, Ina nofo ia oe i lo'u itu taumatau, seia ou faia e ua fai oe mo latou fili ma mea e tu ai ou vae? 14) E le o agaga e auauna ea i latou uma, ua aauina e auauna ona o i latou o e a maua le ola.

Pe iai ea ni agelu lelei ma ni agelu leaga?

Ioe, e iai agelu lelei ma agelu leaga. O agelu lelei e auauna ma vivii i le Atua. O agelu leaga e auauna ma tapuai ia Satani.

Mataio 25:31 (SOV) - Pe a sau le Atalii o le tagata i lona mamalu, ma le au agelu paia uma faatasi ma ia, ona tietie ai lea o ia i lona nofoālii mamalu;

2 Peteru 2:4 (SOV) - Auā afai na le faasaoina e le Atua le au agelu o e na agasala, a ua na tuuina atu i latou i maea uamea o le pogisa i seoli, ina ia taofia i latou e oo i le faamasinoga;

O agaga I le lalolagi

O ai Satani ?

O Satani o le agelu fa'amaualuga ma le fia sili lea na tuliesea mai le lagi ona ua mana'o e sii lona nofoali'i ia maualuga atu i le Atua. O le isi ona igoa o le tiāpolo po'o Lusifelo.

Isaia 14:12-14 (SOV) - Oi! ua faapea ona paū mai le lagi o oe le ua pupula, le atalii o le taeao; ua taia oe i lalo i le eleele, o oe sa faatoilaloina nuu ese. 13) O oe foi sa e faapea ifo i lou loto, Ou te alu ae i le lagi, ou te siitia i luga lo'u nofoālii ia sili i fetu a le Atua, ou te nofo foi i le mauga o le faapotopotoga i le itu i matu; 14) ou te alu ae i luga o mea maualuluga i luga ae o ao; ma te tutusa ma lē Silisili ese.

Luka 10:18 (SOV) - Ua fetalai atu ia ia te i latou, Na ou iloa Satani ua paū mai le lagi pei o le uila.

O lea le galuega a Satani i le lalolagi?

O le galuega a Satani i le lalolagi o le liliueseina o tagata uma aua nei toe auauna i le Atua Le Tasi Tolu Paia.

O agaga I le lalolagi

1 Peteru 5:8 (SOV) - Ia outou faautauta, ia outou mataala, ona o le ua fai outou mona fili, o le tiapolo lea, o lo'o fealualuai o ia e pei o se leona tagi, ua saili se tasi e 'aina e ia;
Mareko 1:13 (SOV) - Sa i ai foi o ia i le vao i po e fagafulu, ua faaosoosoina e Satani; sa i ai ma manu feai, sa auauna foi agelu ia te ia.

O lea se mea o le a tupu ia Satani ma ana agelu?

O Satani ma agelu uma o le pouliuli e lafoina i seoli e fa'atali ai le famasinoga a uma o lo latou iuga o le lepa afi ma le teio, o le oti fa'alua lea.

Faaaliga 20:10 (SOV) - o le tiapolo foi o le na faasese ia te i latou, ua lafoina o ia i le lepa afi ma le teio, o i ai le manu feai ma le perofeta pepelo; e puapuagaina ai i latou i le ao ma le po e faavavau faavavau lava.

Vaega 9

O le Lumana'i

O le lumana'i

O a ni fa'ailoga na fetalai Iesu e ao ina tutupu ao lei oo i lona Afio mai?

Fetalai Iesu e faatupu teleina tu'inanau fa'alelalolagi ma le amio leaga. E tulai mai anetikeriso ma perofeta pepelo. E iai mafuie, oge, fa'ama'i atoa ma taua ma fevaevaeaiga pei o le taimi tonu lenei.

Mataio 24:5-8 (SOV) - Auā e toatele e o mai i lo'u igoa, ua faapea ane, O a'u nei o le Keriso; latou te faaseseina foi tagata e toatele. 6) E faalogo outou i taua ma tala o taua; ia outou, ne'i tou atuatuvale; auā e ao ona taunuu o nei mea uma, a e lei oo i le gataaga. 7) Auā e sii le taua e le tasi nuu i le tasi nuu, ma le tasi malo i le tasi malo; ona oo mai ai lea o oge, ma faamai, ma mafuie i lea mea ma lea mea. 8) O na mea uma o le amataga ia o puapuaga.

Pe tatou te iloaina tonu le taimi o le Toe Afio mai o le Alii?

E leai se tasi na te iloa le aso e toe afio mai ai le Ali'i. O le mea lea, e taua ai lo tatou nofo sauni mo Lona toe afio mai.

O le lumana'i

Mataio 24:36 (SOV) - A o lea aso ma lea itu aso e le iloa e se tasi, e le iloa lava e agelu i le lagi, ua na o lo'u Tamā lava.

O lea se mea e tupu i Kerisiano pe a toe afio mai Iesu Keriso?

E muamua ona toe tutū mai o e na oti o ia Keriso, a o e ola pea e fa'afuasei ona liua ma aveina a'e e feiloai ma Ia.

1 Korinito 15:51-53 (SOV) - Faauta mai, ou te ta'u atu ia te outou le mea lilo; e le momoe i tatou uma, a e liua i tatou uma, 52) e faafuasei lava, o le emo o le mata, pe a ilia le pu faauma; auā e ilia lava, e toe tutū mai ai e ua oti ma le ola pea, e liua foi i tatou. 53) Auā e tatau ona ofu o lenei tino iu vale i le tino ola pea, ia ofu foi lenei tino oti i le tino le oti lava.

1 Tesalonia 4:16-17 (SOV) - Auā e afio ifo mai le lagi le Alii lava, ma le alaga, ma le leo o le agelu sili, ma le pu a le Atua; e muamua foi ona toe tutū mai o e ua oti o ia Keriso; 17) ona faafuasei lea ona aveina ae o i tatou o e ola ma totoe, faatasi ma i latou i ao, ina ia fetaiai ma le Alii i le va nimonimo; ona tatou faatasi pea lava lea ma le Alii.

O le lumana'i

O lea se mea e tupu i Kerisiano pe a latou o a'e e feiloai ma Keriso i lona afio mai?

O le a fa'amasinoina Kerisiano ona o lo latou faamaoni ia Keriso, ona latou o ai lea i le talisuaga o le fa'aipoipoga a le Tamai Mamoe. O le taimi lea e talia ai e Keriso le Tamai Mamoe a le Atua le Ekalesia, Lona faletua i Lona aiga. O i tatou o Kerisiano ua lauiloa o le faatoanofotane ma o lea, o le a tatou faatasi pea ma Ia.

2 Korinito 5:10 (SOV) - Auā tatou te tutū atu uma lava i luma o le nofoa faamasino o Keriso e tatau ai; ina ia taitasi ma talitali i mea na faia i le tino, e pei o mea na faia, pe lelei pe leaga.

Revelations 19:7-9 (SOV) - Ia tatou fiafia ma olioli, ma tuu atu le viiga ia te ia; auā ua oo mai le tausamaaga o le Tamai mamoe, o lona faletua foi ua saunia o ia e Ia. 8) Ua tuuina atu foi ia te ia ina ia ofu o ia i le ie vavae e mamā ma le pupula; auā o le ie vavae o le amiotonu lea a le au paia. 9) Ua fai mai foi o ia ia te au, Ia e tusi, Amuia e ua tala'iina i le tausamaaga a le Tamai mamoe. Ua fai mai foi o ia ia te au, O afioga moni ia a le Atua.

O le lumana'i

Pe toe afio mai Iesu Keriso e pulea le lalolagi?

E toe afio ifo Iesu ma Agelu atoa ma ona tagata e pulea le lalolagi mo le afe o tausaga.

Iuta 1:14-15 (SOV) - Na valoia foi i latou e Enoka, o le toafitu lea talu mai ia Atamu, ua faapea ane, Faauta, e afio mai le Alii ma ona au paia e manomano, 15) e faamasino ai i tagata uma, ma faasalaina ai e ua amio faalematau uma lava o ia i latou, ona o a latou galuega faalematau uma ua latou faia ma le faalematau, ona o a latou upu faatautala foi na fai ia te ia e tagata agasala ua faalematau.

Faaaliga 20:6 (SOV) - Amuia mona ua paia le ua i ai se tofi i le uluai toe tu; e le oo foi le pule a le oti faalua ia te i latou, a e avea i latou ma faitaulaga a le Atua ma Keriso, latou te fai ma tupu foi faatasi ma ia i tausaga e afe.

O lea la leisi mea e tupu pe a uma ona pulea e Iesu le lalolagi i le 1000 tausaga?

O le lumana'i

O e oti i amioleaga o le a tula'i i luma o le fa'amasinoga a le Atua, a mae'a o Satani ma ana agelu faatasi ma i latou uma e lafoina i le lepa afi ma le teio, o le oti faalua lea. O le fa'amasinoga lea o le Nofoa sinasina.

Faaaliga 20:11-15 (SOV) - Na a'u iloa foi le nofoālii tele e sinasina, ma le o tietie ai, ua sosola ese le lalolagi ma le lagi i ona luma, e le iloa foi se mea e tu ai i laua. 12) Na a'u iloa foi o e na oti, o tagatānuu atoa ma alii, o tutū i luma o le Atua, ona fofola lea o tusi; ua fofola foi ma le tasi tusi, o le tusi lea o le ola; ona faamasinoina ai lea o e na oti i mea ua tusia i tusi, e tusa ma a latou amio. 13) Ua avae foi e le sami e na oti sa i ai, ua avae foi e le oti ma seoli e na oti sa i ai; e taitasi foi o i latou ma faamasinoina e tusa ma a latou amio. 14) Ua lafoina foi le oti ma seoli i le lepa afi; o le oti faalua lea. 15) Ai se tasi ua iloa ua le tusia i le tusi o le ola, ua lafoina lea i le lepa afi.

O Lea le mea e tupu i le fanau a le Atua ina ua mae'a le faamasinoga o le Nofoa sinasina ?

O le lumana'i

O le fanau a le Atua o le a nonofo fa'atasi ma ola fa'atasi mo Ia e fa'avavau fa'avavau lava.

Faaaliga 21:2-4 (SOV) - O a'u foi o Ioane na ou iloa le aai paia, o Ierusalema fou, ua alu ifo mai le Atua i le lagi, ua saunia pei o se faatoanofotane ua teuteuina mo lana tane. 3) Na ou faalogo foi i le leo tele mai le lagi, ua faapea mai, Faauta, ua faatasi ma tagata le fale fetafai o le Atua, e mau foi o ia ma i latou; e fai foi i latou mona nuu, e ia te i latou le Atua lava, o lo latou Atua ia. 4) E sōloiesea foi e le Atua loimata uma i o latou mata; e leai foi se toe oti, po o se faanoanoa, po o se aue, e leai foi se toe puapuaga; auā ua mavae atu mea muamua.

Vaega 10

O le Tulafono a Le Atua

O le Tulafono a Le Atua

O a tulafono e sefulu?

O Tulafono o taiala ia na tusia e le Atua i papa tusi ma'a e lua ma tuuina atu ia Mose mo tagata ina ia usitaia.

Esoto 34:1 (SOV) - Ona fetalai mai lea o Ieova ia Mose, Ia e ta mai ni papa maa se lua, pei o papa muamua; ou te tusi foi i ia papa o upu sa i ai i papa muamua, na e taeia;

O a mea o tusia i nei tulafono e sefulu?

I le Tusi Paia, o faapea mai Esoto 20:

> **O Tulafono nei:**

1. Aua ne'i e fai mo oe ni atua ese i o'u luma.
2. Aua e te fai mo oe se tupua ua ta, po o se faatusa lava o se mea o i le lagi i luga, po o i le fanua i lalo, po o i le sami o i lalo o le fanua;
3. Aua e te ta'u fua le suafa o Ieova lou Atua; auā e le faasaoina e Ieova o lē ta'u fua i lona suafa.
4. Ia e manatua le aso sapati ia e faapaiaina

O le Tulafono a Le Atua

5. Ia e ava i lou tamā ma lou tinā, ina ia faalevaleva ai ou aso i le nuu o le a foaiina mai e Ieova lou Atua ia te oe.
6. Aua e te fasioti tagata.
7. Aua e te mulilua.
8. Aua e te gaoi.
9. Aua e te molimau pepelo i lē lua te tuaoi.
10. Aua e te manao i le fale o lē lua te tuaoi, aua e te manao i le avā a lē lua te tuaoi, po o lana auauna tane, po o lana auauna fafine, po o lana povi, po o lana asini, po o se tasi mea a lē lua te tuaoi.

O lea le uiga o le tulafono muamua?

Ia na o Ieova le Atua tatou te tapuai ma alolofa i ai e sili atu i seisi tagata po'o le tino mai o mea.

Mataio 4:10 (SOV) - Ona fetalai atu lea o Iesu ia te ia, Ina alu ese ia oe Satani; auā ua tusia, E te ifo atu i le Alii lou Atua, ua na o ia lava e te auauna i ai.

O a mea e matua faasaina lava e le tulafono e lua?

O le Tulafono a Le Atua

Aua e te faia ni fa'atagata po'o ni tupua o mea i le lagi, po'o lalo nei i le fanua po'o le sami, aua e te ifo iai.

Esoto 20:4-5 (SOV) - Aua e te fai mo oe se tupua ua ta, po o se faatusa lava o se mea o i le lagi i luga, po o i le fanua i lalo, po o i le sami o i lalo o le fanau; 5) aua e te ifo i ai, aua foi e te auauna i ai; auā o a'u o Ieova lou Atua, o le Atua fuā, o le taui atu i fanau o le amioletonu a o latou mātua, e oo i le tupulaga e tolu ma le fa o e 'ino'ino mai ia te au;

O fa'apefea ona le usitaia ma solia e tagata le tulafono e tolu?

Latou te faia ni tautoga po'o ni osigafeagaiga e ta'u ai le Suafa mamalu o le Atua ae mulimuli ane e le savavali ai ae pei ni fetuu.

Efeso 4:29-30 (SOV) - Aua ne'i alu atu se upu leaga ai o outou gutu, na o le upu lelei e ati ae ai i mea e aoga, e tupu ai le lelei i e faalogologo i ai. 30) Aua foi tou te faatiga i le Agaga Paia o le Atua, ua faamaufaailogaina ai outou ia te ia seia oo i le aso e faaolaina ai.

O le Tulafono a Le Atua

Mataio 5:34-35 (SOV) - A ou te fai atu a'u ia te outou, aua lava ne'i tauto; aua le tauto i le lagi, auā o le nofoalii lea o le Atua; 35) po o le lalolagi, auā o le mea e tu ai ona aao lea; po o Ierusalema, auā o le aai lea a le Tupu silisili.

O le a le uiga o le tulafono ia tausia le sapati?

O tulafono e sefulu na tuuina atu i tagata moni o Sa Eperu le aso fitu o le malologa fa'asapati. O i tatou Kerisiano e le tatau ona tatou tausisi i le sapati lea, a'o le Aso Sa, le aso muamua o le vaiaso o lo tatou aso tapuai i le Atua pei ona tulai manumalo mai ai Iesu Keriso i le oti.

Na le mafaia e tagata Eperu ona usitaia le sapati faa le tausaga na fa'atonuina ai i latou e faia i le mae'a ai o le piriota tai ono tausaga a o lona fitu o tausaga o le malologa faa-sapati lea mo tagata uma.

E tatau ona malolo le laueleele, e leai se galuega, ae mo le tausaga atoa e tatau ona malolo tagata ma mafaufau loloto i le tulafono a le Atua. Ua faia lenei mea ina ia aveesea ai tu ma aganuu a Aikupito, ifo i tupua, fai mea fa'ataulaitu, togafiti fa'ataulaitu, tapuai i le foafoaga nai lo le tapuai i Le na Foafoaina mea uma atoa ma le fasiotia pepe faatoa fananau mai.

Roma 14:5 (SOV) - *O le manatu o le tasi, e sili le tasi aso i le tasi aso; a o le manatu o le isi, ua tutusa aso uma lava. Ia taitoatasi ma mautinoa lona lava manatu.*
Kolose 2:16 (SOV) - *O lenei, aua ne'i faamasino atu se tasi ia te outou i mea e aai ai, po o mea e inu ai, po o mea ia o tausamiga, po o masina faatoa vaaia, po o sapati;*

1 Korinito 16:2 (SOV) - *O le aso muamua o lea vaisapati ma lea vaisapati, ia outou taitasi ma tuu ane ai ni ana mea, ia faatatau mea e teu ma lona manuia ina ne'i faia ni aotelega pe a ou alu atu.*

O a'oa'o mai le Tusi Paia ia ava ma usitai i matua?

Ioe, o le fanau ia ava ma usitai i matua.

Esoto 6:1-3 (SOV) - *O outou le fanau, ia outou faalogo i o outou mātua i le Alii, auā o le mea tonu lava lea. 2) Ia e ava i lou tamā ma lou tinā; o le uluai tulafono lea ua i ai le mea ua folafolaina; 3) ina ia manuia* ai oe, ma ia e nofo tulu'i ai i luga o le laueleele.

Aisea e sese ai ma leaga le fasioti tagata?

E leaga tele aua o tagata uma na faia ia foliga i le Atua.

Kenese 9:6 (SOV) - O se na te faamaligiina le toto o le tagata, e faamaligiina lona lava toto e le tagata; auā o le faatusa o le Atua na fai ai e ia le tagata.

Roma 13:4 (SOV) - Auā o le auauna ia a le Atua ia te oe, ia lelei ai; a e afai e te amio leaga, ia e fefe ai, auā e le fai fua e ia lana pelu; auā o le auauna o ia a le Atua, o le na te taui atu le toasa i lē amio leaga

O lea le mulilua?

O lou solituina o le osigafeagaiga o le lua fa'aipoipoga i luma o le Atua, a e alu toe momoe ma leisi tagata fa'apouliuli.

Eperu 13:4 (SOV) - Ia lelei le faiavā i tagata uma, o le moega foi ia leai sona leaga; e faasalaina e le Atua o e faitaaga ma e mulilulua.

O le Tulafono a Le Atua

Poo fa'asaina mai e le Tusi Paia le gaoi?

Ioe, fai mai *Efeso 4:28 (SOV) - O lē gaoi aua ne'i toe gaoi, a e lelei ina faamalosi o ia i galuega a ona lima i mea aoga, ia maua e ia se mea e avatu i le ua mativa.*

O a mea o lo'o faatonu mai e le tulafono lona iva?

Aua e te pepelo, ma e faigaluega fa'aoleole.

Salamo 101:7 (SOV) - E le nofo i lo'u fale o se fai mea faa'ole'ole; o lē tala pepelo foi e le tumau ia i o'u luma.

Fa'aaliga 21:8 (SOV) - A o e loto vaivai, ma e lē faalogo, ma e fai mea e inosia, ma e fasioti tagata, ma e faitaaga, ma e faataulāitu, ma e ifo i tupua, atoa ma e tala pepelo uma, e fai o latou tofi i le lepa e mu i le afi ma le teio, o le oti faalua lea.

O lea le uiga o le matapeapea?

O lou tu'inanau fua ma manao i mea a isi tagata e faatele ai au mea.

O le Tulafono a Le Atua

Luka 12:15 (SOV) - Ua fetalai atu foi o ia ia te i latou, Ia outou, ia leoleo outou ia te outou aua le matapeapea; auā e le ola se tasi i le tele o ana mea ua ia te ia.

O lea le uiga o tulafono e sefulu?

E fa'aigoaina o tulafono a le Atua.
Roma 13:9 (SOV) - Auā o upu ia, Aua le mulilua, Aua le fasioti tagata, Aua le gaoi, aua le molimau pepelo, Aua le tu'inanau; afai foi ua toe se isi poloaiga, o lo'o ua aofia lava i lenei upu, Ia e alofa atu i lē lua te tuaoi, ia pei o oe lava ia te oe. 10) E le agaleaga atu le alofa i lē la te tuaoi; o lenei, o le alofa o le atoatoa lea o le tulafono.

O lea se faamoemoe maualuga o tulafono a le Atua?

O le faamoemoe ia a'oa'oina i tatou ia iloa tonu le mea sa'o ma le mea sese.

Roma 3:20 (SOV) - Auā e le ta'uamiotonuina se tagata e toatasi i ona luma i galuega o le tulafono; auā o le tulafono e iloa lelei ai le agasala.

O le Tulafono a Le Atua

Kalatia 3:19 (SOV) - O lenei, se a le aoga o le tulafono? Na faaopoopo mai lea ona o solitulafono, ina seia maliu mai le fanau na folafola i ai, sa saunia e agelu na aumaia e le tautuu upu.

E tatau i le au Kerisiano i ona po nei ona tausia nei tulafono?

Ioe, e tatau ona tausi iai vagana le tulafono lona fa na toe a i le Feagaiga Fou. O tatou Kerisiano aua tatou tausi i le sapati a sa Eperu ae tatou tapuai pea i le Atua i le aso na toe soifua mai ai lo tatou Alii.

1 Ioane 5:3 (SOV) - Auā o lenei lava le alofa i le Atua, ia tatou tausi i ana poloaiga; e le mamafa foi ana poloaiga.

E fa'aolaina tatou e le tulafono pe a tatou tausia?

Leai, o le alofa tunoa e fa'aolaina ai tatou i le fa'atuatua, e le mai ia te outou foi lea, e le o galuega a o le meaalofa a le Atua. E leai ma se mea e tasi tatou te mitamita ai i ni a tatou galuega.

Efeso 2:8-9 (SOV) - Auā o le alofa tunoa ua faaolaina ai outou i le faatuatua; e le mai ia te outou foi lea, a o le mea ua foaiina mai e le Atua; 9) e le ona o galuega, ina ne'i mitamita se tasi.

Aisea tatou te usitaia ai le tulafono?

E lē tatau ona tatou usiusita'i i le tulafono a le Atua ina ia fa'aolaina ai i tatou, ae ona ua fa'aolaina i tatou ma sili atu lo tatou naunau e fa'afiafia le Atua.

Efeso 2:10 (SOV) - Auā o lana lava galuega i tatou, na faia i tatou ia Keriso Iesu, ina ia faia galuega lelei, na saunia anamua e le Atua, ina ia tatou savavali ai.

E fa'apefea ona tatou usitaia le tulafono a le Atua?

E na o le alofa tunoa ma le mana o Iesu Keriso e mafai ai ona tatou usitaia le tulafono a le Atua.

Roma 8:3-4 (SOV) - Auā o le mea na le mafaia i le tulafono, ina ua vaivai ia ona o le tino, ua faia lea e le Atua i lona auina mai o lona lava Alo, ua tino tagata agasala, o le taulaga foi mo agasala, na ia faasalaina ai le agasala i le tino; 4) ina ia atoatoa ai le amiotonu i la le tulafono ia i tatou,

O le Tulafono a Le Atua

o e le savavali i la le tino, ae i la le Agaga.

O lea se mea e ao ona tatou faia pe a e lagona ua e solia tulafono a le Atua?

Vave ona faatoese i le Atua e ala ia Iesu Keriso mo le faamagaloina ma le fa'amamaina o i tatou mai i agasala uma lava.

1 John 2:1-2 (SOV) - Si a'u fanau e, ou te tusi atu nei mea ia te outou, ina ne'i agasala outou; pe afai foi e agasala se tasi, o ia te i tatou le fautua i luma o le Tamā, o Iesu Keriso lea, o lē amiotonu. 2) O le togiola foi o ia mo a tatou agasala, e le gata foi i a tatou, a e atoa foi ma agasala a le lalolagi uma lava.

Vaega 11

O lau mafutaga ma le Atua

O lau mafutaga ma le Atua

O lea se sootaga a le Atua ma Kerisiano?

O le Atua o lo latou Tama oi le Lagi, o i latou foi o lana lava fanau.

Mataio 5:16 (SOV) - *Ia faapea ona pupula atu lo outou malamalama i luma o tagata, ina ia latou iloa la outou amio lelei, latou te vivii atu ai i lo outou Tamā o i le lagi.*

Mataio 6:9 (SOV) - *O lenei, ia faapea outou ona tatalo, Lo matou Tamā e, o i le lagi, ia paia lou suafa.*

Poo le Atua ea o le Tamā o tagata uma lava?

E leai, o le Atua na faia tagata uma, peita'i o Ia o le Tamā o i latou ua fanaufouina i lona aiga.

1 Ioane 3:10 (SOV) - *O le mea lea ua iloa ai le fanau a le Atua ma le fanau a le tiapolo. O i latou uma o e le fai le amiotonu, e le mai le Atua i latou, atoa ma ē le alolofa i o latou uso.*

E fa'apefea ona avea i tatou ma fanau a le Atua?

O lau mafutaga ma le Atua

E avea i tatou ma fanau a le Atua ina ua tatou talia Iesu Keriso i o tatou loto e avea ma Alii ma faaola.

Ioane 1:12 (SOV) - A o i latou uma e na talia o ia, ma faatuatua i lona suafa, na ia avatu i ai o lea manuia, ia avea i latou ma fanau a le Atua.

Ioane 14:6 (SOV) - Ua fetalai atu Iesu ia te ia. O a'u nei le ala, ma le upu moni, ma le ola; e le alu atu lava se tasi i le Tamā, pe a le ui mai ia te au

Poo mafaia e le Tama oi le Lagi ona tali atu i manaoga o lana fanau?

Ioe, na te tali atu i o latou manaoga e tusa ma lona finagalo.

Filipi 4:19 (SOV) - A o lo'u Atua e faaatoa e ia ia te outou mea uma e matitiva ai outou, e tusa ma le faulai o lona viiga, ia Keriso Iesu

Pe leoleo e le Tamā oi le lagi Lana fanau?

Ioe, na te leoleo ia i latou i le ao atoa ma le po.

O lau mafutaga ma le Atua

Salamo 34:15 (SOV) - O fofoga o Ieova o lo'o faasaga i e amiotonu, e liliu mai foi ona taliga i a latou alaga

Salamo 121:3 (SOV) - E le tuuina mai e ia ia mapeva lou vae; o lou leoleo e le tulemoe lava ia.

E fa'apefea ona maua e le Kerisiano manuia mai le Atua?

E maua e le Kerisiano manuia na folafola mai e le Atua i le tatalo, ma talitonu i lana upu.

Ioane 14:13 (SOV) - O mea uma foi tou te ole atu ai i lo'u igoa, ou te faia lava; ina ia viia le Tamā ona o le Atalii.

Ioane 15:7 (SOV) - Afai tou te tumau ia te au, a tumau foi a'u upu ia te outou, o mea uma lava tou te mananao i ai, tou te ole atu ai, ona faia lea mo outou.

Ona pau lea o le auala e maua ai e le Kerisiano manuia mai le Atua?

E leai, e fa'amanuia mai foi le Atua i le Kerisiano pe a e fesoasoani i le isi tagata.

O lau mafutaga ma le Atua

Galuega 20:35 (SOV) - Ua ou faaali atu ia te outou mea uma lava, ia faapea ona outou galulue ia fesoasoani i e ua vaivai e tatau ai, ma ia outou manatu i le afioga a le Alii o Iesu, na fetalai mai e ia, E sili le manuia o le na te foai atu, i le manuia o le na te talia mai.

Salamo 41:1-2 (SOV) - Amuia le tagata ua manatua le ua mativa; e faasaoina o ia e Ieova i le aso vale. 2) E tausia o ia e Ieova ma faaolaina; e manuia foi o ia i le nuu; e te le tuua foi o ia i le manao o e ita ia te ia.

E iai se isi auala e manuia ai le tagata Kerisiano?

Ioe i lou fa'amaoni e ave le sefuluai 10% a le Atua i le fale o le Atua mo le tagata o le Atua atoa ai ma le galuega faatino o le malo o le Atua.

Faataoto 3:9-10 (SOV) - Ia e ava ia Ieova i lou oa, ma le faapolopolo o au mea uma e tutupu; 10) ona tutumu ai lea ou fale saito i le mau; e feosofi foi au tuugauāina i le uaina fou.

O lau mafutaga ma le Atua

Malaki 3:10 (SOV) - Ina aumaia mea e sefulu a'i a outou mea uma lava i le fale e tuu ai mea; ina ia i ai mea e 'ai i lo'u fale; ma ia outou tofotofo mai ai ia te au i lenei mea, ua fetalai mai ai Ieova o 'au; pe ou te le toina pupuni o le lagi mo outou, ma sasaa atu le manuia mo outou, ina seia silisili ona tele.

E fa'apefea ona tatou tapuai atu i le Atua?

Tatou te tapuai atu i le Atua i le tatalo, faafetai i ana faamanuiaga, vivii ma pepese atoa ai ma la tatou foai i le galuega.

Salamo 95:6 (SOV) - O mai ia, ia tatou ifo, ma ia tatou punonou; ia tatou tootuli i luma o Ieova o le na faia i tatou.

Salamo 96:1-3 (SOV) - Ia outou pepese atu ia Ieova i le pese fou; le lalolagi uma e, ia outou pepese atu ia Ieova. 2) Ia outou pepese atu ia Ieova, ia outou faafetaia lona suafa; ia outou tala'i atu lana faaolataga i lea aso ma lea aso. 3) Ia outou ta'uta'u atu lona mamalu i nuu ese, ma ona vavega i nuu uma lava.

Kolose 3:16 (SOV) - Ia nofo le afioga a Keriso i totonu ia te outou ia tele lava, i

O lau mafutaga ma le Atua

le poto uma lava, ia outou a'oa'o ma apoapoai le tasi i le tasi i salāmo, ma pese, ma siva faaleagaga, o lo'o pepese atu ai ma le faafetai i le Alii i o outou loto.

O a taimi e tatau ai i le Kerisiano ona faafetai atu i le Atua?

E tatau i le Kerisiano ona faafetai atu i le Atua i taimi uma lava mo mea uma.

Salamo 113:2-3 (SOV) - Ia faafetaia le suafa o Ieova, e amata mai nei lava, a ia oo i le faavavau. 3) Ia viia le suafa o Ieova, e afua mai i le mea e alu ae ai le la, e oo atu i le mea e goto ai.

Efeso 5:20 (SOV) - Ia faafetai pea lava ona o mea uma i le Atua le Tamā, i le suafa o lo tatou Alii o Iesu Keriso.

O lea le taua o le tatalo i le Kerisiano?

O sekone, minute, itula tatalo o le manava lea a le tagata Kerisiano. Ana leai Ketesemane, e leai se Kalevaria. E pei ona manavaina o le ea i taimi uma, e faapena le tatalo. A e le Tatalo, e le manuia o tatou faamoemoe.

O lau mafutaga ma le Atua

Roma 12:12 (SOV) - Ia olioli i le faamoemoe, ia onosai i le puapuaga, ia finafinau i le tatalo.

Efeso 6:18 (SOV) - Ia outou tatalo i le Agaga i aso uma lava i talotaloga ma faatoga uma; ia outou mataala pea i lenei lava mea, ma matuā tausisi i le faatoga mo tagata paia uma lava;

Mataio 24:20 (SOV) - A ia outou tatalo ina ne'i outou sosola i le tausaga maalili, po o le sapati.

O lea le mana o le fa'atuatua?

O le fa'atuatua na te aumaia le faaolataga, fa'amalologa, papatisoga i le Agaga Paia, fa'asaolotoga atoa ai ma le tele o manuia.

Mareko 9:23 (SOV) - Ona fetalai atu lea o Iesu ia te ia, Afai ua e mafaia ona faatuatua, e mafaia mea uma lava i lē faatuatua.

Kalatia 3:14 (SOV) - ina ia oo ai i nuu ese le manuia o Aperaamo ia Keriso Iesu, ina ia tatou maua i le faatuatua le na folafolaina o le Agaga lea.

O lau mafutaga ma le Atua

Efeso 2:8 (SOV) - Auā o le alofa tunoa ua faaolaina ai outou i le faatuatua; e le mai ia te outou foi lea, a o le mea ua foaiina mai e le Atua;

Eperu 11:6 (SOV) - A leai foi se faatuatua e le mafai ona fiafia mai o ia; auā e tatau i lē alu atu i le Atua ona talitonu o lo'o soifua o ia, o ia foi na te tauia mai o e matuā saili ia te ia.

Iakopo 5:15 (SOV) - O le tatalo foi e faia i le faatuatua e faaolaina ai le ma'i, e faatuina foi o ia e le Alii; afai foi ua agasala, e faamagaloina ia.

Vaega 12

O Lau Mafutaga Ma Isi Tagata

O lau mafutaga ma isi Tagata

E fa'apefea ona tatou amio i o tatou matua?

E tatau ona tatou alolofa ma ava i o tatou matua.

Efeso 6:1-3 (SOV) - O outou le fanau, ia outou faalogo i o outou mātua i le Alii, auā o le mea tonu lava lea. 2) Ia e ava i lou tamā ma lou tinā; o le uluai tulafono lea ua i ai le mea ua folafolaina; 3) ina ia manuia ai oe, ma ia e nofo tulu'i ai i luga o le laueleele.

O a amio tatou te faaalia i tagata ua iai le pule?

O ta'ita'i uma e tofia e le Atua. E tatau ona faaaloalogia ma usitaia pulega uma o le malo.

Roma 13:1-2 (SOV) - Ia usiusitai tagata uma i faipule silisili; auā e leai se pule pe a le mai le Atua; o pule uma lava o lo'o fai nei, ua faatuina e le Atua. 2) O lenei, o le na te tetee i le pule, ua tetee e ia i le sauniga a le Atua; o e tetee foi e sala lava i latou.

E fa'apefea ona vaai a tatou faifeau ma isi auauna a le Atua?

O lau mafutaga ma isi Tagata

Ia tatou ava, faaaloalo ma usita'i ia tei latou.

Eperu 13:17 (SOV) - Ia outou usiusita'i i o outou ta'ita'i ma outou gauai i ai; auā o lo'o leoleo i latou mo o outou agaga, latou te tala atu le tala i ai, ina ia faia ma le olioli, a e aua ma le tiga; auā e le aoga lea ia te outou.

E fa'apefea ona tausi lo tatou va ma isi Kerisiano faapea foi tagata le Kerisiano?

E tatau ona tatou alolofa ia tei latou pei foi o Keriso ona alofa mai ia i tatou.

Ioane 3:34-35 (SOV) - O le poloaiga fou ou te tuu atu ai ia te outou, ia outou fealofani; faapei ona ou alofa atu ia te outou, ia fealofani foi outou. 35) O le mea lea e iloa ai e tagata uma lava o o'u soo outou, pe afai ua outou fealofani.

O lea se amio tatou te faia i a tatou uo ma o tatou tuaoi?

Ia tatou faia ia te i latou le amio tatou te mananao i isi tagata e fai mai ia tei tatou.

O lau mafutaga ma isi Tagata

Luka 6:31 (SOV) - Pei ona outou loto i tagata ona ia latou faia ia te outou, ia faapea lava ona outou faia ia te i latou.

Roma 13:9-10 (SOV) - Auā o upu ia, Aua le mulilua, Aua le fasioti tagata, Aua le gaoi, aua le molimau pepelo, Aua le tu'inanau; afai foi ua toe se isi poloaiga, o lo'o ua aofia lava i lenei upu, Ia e alofa atu i lē lua te tuaoi, ia pei o oe lava ia te oe. 10) E le agaleaga atu le alofa i lē la te tuaoi; o lenei, o le alofa o le atoatoa lea o le tulafono.

O lea se mea tatou te faia i tagata e fetuu mai tatou, ma fai tatou mo latou fili?

Ia tatou alolofa ma fa'amagalo i latou.

Mataio 5:44 (SOV) - A ou te fai atu a'u ia te outou, ia outou alolofa atu i e ua ita mai ia te outou, ia outou faamanuia atu i e ua fetuu mai ia te outou, ia outou agalelei atu i e ua 'ino'ino mai ia te outou, ia outou tatalo foi mo e ua tuua'i fua mai ma faasaua mai ia te outou;

Mataio 6:14-15 (SOV) - Auā afai tou te faamagaloina atu tagata i a latou agasala, e faamagaloina foi outou e lo outou Tamā o i

O lau mafutaga ma isi Tagata

le lagi. 15) A e afai tou te le faamagaloina atu tagata i a latou agasala, e le faamagaloina foi e lo outou Tamā a outou agasala.

O ta'u mai e le Tusi Paia ia i tatou pe fa'apefea ona tatou fesootai i le tagata e lei fanaufouina ?

Tatou te fa'aali ia i latou o lo'o ola Keriso i o tatou olaga e fa'amaonia i a tatou upu ma galuega.

Mataio 5:14-16 (SOV) - outou, o le malamalama o le lalolagi outou. E le mafai ona lilo le aai ua tu i luga o le mauga 15) Latou te le tutuina foi le lamepa i le tuu ai i lalo o le mea e fua a'i saito, a e tuu i luga lava o le tuugālamepa ia pupula atu ai i e o i le fale uma. 16) Ia faapea ona pupula atu lo outou malamalama i luma o tagata, ina ia latou iloa la outou amio lelei, latou te vivii atu ai i lo outou Tamā o i le lagi.

O a ni amioga sili ona tausaafia ai le Kerisiano?

O le alofa e silisili i mea uma. O le fua foi lea o lo tatou ola fa'aleagaga.

O lau mafutaga ma isi Tagata

1 Korinito 13:13 (SOV) - A o lenei, o tumau le faatuatua, ma le faamoemoe, ma le alofa, o na mea e tolu; a o le sili o na mea o le alofa lea.

O ai e tatau ona alofa iai le Kerisiano?

Ia alolofa i le Atua, Iesu Keriso, atoa ma isi tagata e oo lava i e fai outou ma fili.

Mataio 22:37-40 (SOV) - Ona fetalai atu ai lea o Iesu ia te ia, E te alofa atu i le Alii lou Atua ma lou loto atoa, ma lou agaga atoa, ma lou manatu atoa. 38) O le poloaiga muamua lena ma le sili. 39) E faapena foi lona lua, E te alofa atu i lē lua te tuaoi, ia pei o oe lava ia te oe. 40) O nā poloaiga e lua ua autu ai le tulafono uma ma le au perofeta.

Vaega 13

O le Kerisiano Ma Ia Lava

O le Kerisiano ma ia lava

Pe pule ea le Kerisiano i lona lava ola?

E leai. O lona ola o le mea totino a le Alii Auā ua uma ona fa'atauina o ia i lona toto paia.

1 Peteru 1:18-19 (SOV) - Auā ua outou iloa e lei togiolaina outou i mea e pala, o le ario po o le auro, nai la outou amio le aoga na tuuina mai e o outou tamā; 19) a o le toto taua o Keriso pei o lo le tamai mamoe e le ponā lava, e leai foi sona leaga;

E fa'apefea ona faaaogaina e le Kerisiano lona ola?

E tatau ona faaaogaina lona ola mo le viiga o le Atua.

1 Korinito 6:20 (SOV) - Auā ua faatauina outou i le tau; o lenei, ia outou vivii atu i le Atua i o outou tino ma ou outou agaga, o mea a le Atua ia.

O le a le tau o le avea o oe ma Kerisiano pei ona fai mai ai le Tusi Paia?

O lona uiga ia faasatauro oe e oe e fasiotia ma faagalo ai lou tagata tuai, ae mulumuli ia Iesu.

O le Kerisiano ma ia lava

Luka 9:23 (SOV) - Ua fetalai atu ia i tagata uma, A fia mulimuli mai se tasi ia te au, aua le usiusitai o ia ia te ia, a ia ave e ia lona satauro i aso fai soo, i le mulimuli mai ai ia te au.

O lea lona uiga o le faagalo o tatou tagata?

Fa'agalo o tatou ala tuai ae fai le mea e finagalo ai le Atua ma ala fou na te faasino mai.

Mataio 7:21 (SOV) - E le sao atu i le malo o le lagi i latou uma o e fai mai ia te au, Le Alii e, le Alii e; na o le na te faia le finagalo o lo'u Tamā o i le lagi.

Ioane 6:38 (SOV) - Auā ou te lei alu ifo mai le lagi e fai lo'u lava loto, a o le finagalo o le ua auina mai a'u.

Kalatia 2:20 (SOV) - Ua faasatauroina faatasi i maua ma Keriso; a e ou te le toe ola a'u, a o Keriso o lo'o ola i totonu ia te au; o le ola foi ou te ola ai nei i le tino, ou te ola ai lava i le faatuatua i le Alo o le Atua, o le na alofa mai ia te au, ma foaiina mai o ia e ia e fai mo'u sui.

O le Kerisiano ma ia lava

E fa'apefea ona ave e le Kerisiano lona satauro i aso uma?
Ia e filifili e fai le mea tonu i aso uma e tusa lava pe le tutusa ma mea sa masani ona e faia i le olaga tuai.

Roma 13:13-14 (SOV) - Ia tatou savavali ma le matagofie e tusa i le ao; aua le poula ma le onā, aua le faitaaga ma le matāitu, aua le femisai ma le mataua. 14) A ia outou oofu i le Alii o Iesu Keriso; aua foi le sauniuni mo le tino, e oo ai ona tu'inanau.

Aisea e tatau ai i le Kerisiano ona paia ma mama lona tino ma lona mafaufau?

Auā na pau lea o le malumalu e fia afio ai le Atua e afio ai foi le Agaga Paia.

1 Korinito 3:16-17 (SOV) - Tou te le o iloa ea o le malumalu outou o le Atua, o lo'o nofo foi le Agaga o le Atua i totonu ia te outou? 17) Afai e faaleaga e se tasi le malumalu o le Atua, e faaleagaina lena tagata e le Atua; auā e paia le malumalu o le Atua, o outou lava ia.

O le Kerisiano ma ia lava

1 Korinito 6:19 (SOV) - Tou te le iloa ea, o lo outou tino o le malumalu lea o le Agaga Paia ua i totonu ia te outou, o lo'o ua ia te outou mai le Atua, e le aiā foi outou ia te outou?

Aisea ua mafai ai e nisi tu ma masaniga pei o le ulaula tapa'a, ma le ai o fualaau faasaina ona faataugaina lou tino?

O mea uma ia ua aafia ai le soifua maloloina, fa'amataga ai ma le tino fa'apu'upu'u ai ma lou ola.

Roma 6:16 (SOV) - Tou te lei iloa ea, o lē tou te tuuina atu i ai outou e fai ma auauna e anaana i ai, o ana auauna outou tou te anaana i ai, po o le agasala e oo ai le oti, po o le anaana e oo ai le amiotonu? 17) A ia faafetai i le Atua, e ui lava ina fai outou ma auauna a le agasala, a ua outou gauai nei ma le loto i le faaa'oa'o o le mataupu na tuuina atu ia te outou.

E fa'apefea ona talepeina nei tu ma masaniga mataga?

Ia e ole atu i le Atua e fesoasoani mai, sui lava e oe le ala e te ola ai. Vaai atu ia te Ia o lou malosi, ma ia e alo ese i fa'aosoosoga.

O le Kerisiano ma ia lava

Salamo 37:5 (SOV) - Ia e tuuina atu lou ala ia Ieova, ma faatuatua ia te ia, ona faia lava lea e ia.

Filipi 4:13 (SOV) - Ou te mafaia mea uma lava i le faamalosi mai o Keriso ia te au.

Vaega 14

O Le Olaga Kerisiano

O le olaga Kerisiano

O fea e tupuga mai ai le olaga Kerisiano?

O le olaga Kerisiano na tupuga mai i le Alii o Iesu Keriso.

Ioane 10:10 (SOV) - O le gaoi, e leai se tasi mea e sau ai na ona ia gaoi, ma fasi, ma faaumatia: ua ou sau ina ia latou maua le ola, ia maua atili ai lava.

Ioane 14:6 (SOV) - Ua fetalai atu Iesu ia te ia. O a'u nei le ala, ma le upu moni, ma le ola; e le alu atu lava se tasi i le Tamā, pe a le ui mai ia te au.

E fa'apefea ona tatou talia o lenei olaga mai ia Keriso?

Tatou te talia mai le talitonu moni ia te Ia ma talia o le Alii ma le faaola, ta'u i isi tagata ma au uo, o oe e a Keriso lava oe.

Ioane 1:12 (SOV) - A o i latou uma e na talia o ia, ma faatuatua i lona suafa, na ia avatu i ai o lea manuia, ia avea i latou ma fanau a le Atua.

Ioane 3:36 (SOV) - O lē faatuatua i le Alo, ua ia te ia le ola e faavavau; a o le le faatuatua i le Alo e le iloa e ia le ola, a

O le olaga Kerisiano

o le toasa o le Atua o lo'o tumau lava i ona luga.

Pe taua ea lo tatou ta'u atu i isi tagata ua tatou talia Keriso?

Ioe, e tatau ona tatou molimau atu i isi tagata ua tatou talia Iesu Keriso ma Alii pei ona fai mai ai le afioga a le Atua.

Mataio 10:32 (SOV) - O lenei, ai se na te ta'uta'u a'u i luma o tagata, o a'u foi ou te ta'uta'uina o ia i luma o lo'u Tamā o i le lagi.

Roma 10:9-10 (SOV) - afai e te ta'utino i lou gutu i le Alii o Iesu, ma talitonu i lou loto ua toe faatuina mai o ia e le Atua nai e ua oti, e faaolaina ai oe; 10) auā o le loto e talitonu ai, e oo mai ai le amiotonu; a o le gutu e ta'utino ai, e oo mai ai le ola.

O lea se faamaoniga e te ta'u atu ai i tagata, o oe atoatoa e mo Keriso?

O le papatisoga i le vai e fa'ailoa atu ai ua suli fa'atasi oe ma le aiga o le Atua, e te tautino ai i isi.

O le olaga Kerisiano

Mataio 28:19 (SOV) - O lenei, ia outou o atu e fai nuu uma lava ma soo, ma papatiso atu ia te i latou i le suafa o le Tamā, ma le Atalii, ma le Agaga Paia;

Mareko 16:16 (SOV) - O lē faatuatua ma papatisoina, e faaolaina ia; a o le lē faatuatua, e faasalaina ia.

Galuega 2: 4 (SOV) - Ua faatutumuina foi i latou uma i le Agaga Paia, ua afua ai ona tautala i gagana eseese, pei ona foaiina mai e le Agaga o le gagana ia te i latou.

E fa'apefea ona tatou tutupu i lo tatou olaga faakerisiano?

Faitau ma tauloto le afioga a le Atua e fafaga ai lou agaga ma le mafaufau fa'atasi ai ma le toaga e tatalo.

Mataio 4:4 (SOV) - Ona tali atu ai lea o ia, ua faapea atu, Ua tusia, E le na o mea e 'ai e ola ai le tagata, a o afioga uma e tulei mai i le fofoga o le Atua.

1 Tesalonia 5:17 (SOV) - Ia tatalo e le aunoa.

O le olaga Kerisiano

1 Peteru 2:2 (SOV) - faapei o tama meamea faatoa fanau mai ia naunau outou i le suāsusu e le suia o le upu, ina ia outou tutupu ai,

O a taimi e tatau ona faitau ai lau Tusi Paia?

Faitau ma mafaufau iai i aso uma.

Salamo 1:1-2 (SOV) - Amuia le tagata e le savali i le filifiliga a e amio leaga, e le tu foi o ia i le ala o e agasala, e le nofo foi i le nofoa o e tauemu; 2) a e naunau o ia i le tulafono a Ieova; e mafaufau foi o ia i lana tulafono i le ao atoa ma le po.

Salamo 119:97 (SOV) - Ua tele lava lo'u naunau i lau tulafono; ou te mafaufau i ai i le aso atoa.

Pe tatau i le Kerisiano ona tauloto le Afioga a le Atua?

Ioe, auā o le upu e aoaoina le tagata talitonu i mea na te faia e fiafia iai le Atua.

Salamo 119:11,105 (SOV) - Ua ou teu i lo'u loto lau afioga, ina ne'i ou agasala ia te oe. 105) O lau afioga o le sulu lea i o'u vae, ma le malamalama i lo'u ala.

O le olaga Kerisiano

Ieremia 15:16 (SOV) – Na maua au afioga, ona ou 'ai ai lea; sa ia te au lau afioga e fai ma mea e olioli ai ma fiafia ai lo'u loto; auā ua ta'ua a'u i lou suafa, Ieova e, le Atua o 'au.

O a taimi e tatau ona tatalo ai le Kerisiano? E tatau ona tatalo i aso uma, ma ia avea foi o lana masani i aso taitasi.

Salamo 55:16-17 (SOV) – O a'u nei, ou te valaau atu i le Atua; o Ieova lava na te faaolaina mai a'u. 17) O le afiafi, ma le taeao, ma le tutonu o le la, ou te tagi ai, ma ou uio; ona faafofoga mai ai lea o ia i lo'u leo.

Tanielu 6:10 (SOV) – Ua iloa e Tanielu ua tusia le tusi, ona alu atu ai lea o ia i lona fale, ua avanoa faamalama o lona potu e faasaga i Ierusalema, ua ta'i foi faatolu i aso ona tootuli o ia i ona tulivae, ma tatalo, ma faafetai i luma o lona Atua, faapei ona masani ai o ia.

Aisea tatou te ta'u atu ai Keriso i isi tagata?

O le olaga Kerisiano

Auā ua na filifilia i tatou e fai ma molimau mo Ia i lenei lalolagi.

Mareko 16:15 (SOV) - Ua fetalai atu foi o ia ia te i latou, O atu ia outou i le lalolagi uma, ina tala'i atu ai le tala lenei i tagata uma lava.

Galuega 1:8 (SOV) - A e maua e outou le mana, pe a afio ifo le Agaga Paia i luga ia te outou; e fai foi outou ma molimau ia te au i Ierusalema ma Iutaia uma lava, ma Samaria, e oo lava i le tulu'iga o le lalolagi.

Aisea e faaeteete ai le Kerisiano i mea e manatunatu iai?

Fai mai le afioga a le Atua, e pei ona manatu o le tagata i lona loto, ua faapea lava o ia.

Faataoto 23:7 (SOV) - Auā e pei ona manatu o ia i lona loto, ua faapea lava o ia; e fai mai o ia ia te oe, 'Ai ia ma inu; a e le ia te oe lona loto.

Filipi 4:7 (SOV) - O le manuia foi mai le Atua, o lo'o silisili lava i mea uma e manatu i ai, e leoleoina ai o outou loto atoa ma o outou mafaufau ia Keriso Iesu.

O le olaga Kerisiano

O a ituaiga manatu e matua fiafia iai le Atua pe a iai ia tei tatou?

Fa'atoa fiafia le Atua i o tatou manatu pe afai e mama, tauleleia, tonu ma matagofie.

Filipi 4:8 (SOV) - Le au uso e, o le toe upu lenei; o mea uma ua moni, o mea uma ua ta'uleleia, o mea uma ua tonu, o mea uma ua mamā, o mea uma ua matagofie, ma mea uma ua logoleleia, afai foi o se isi amio lelei, po o se tasi mea e viia, ia outou manatunatu i ia lava mea.

Aisea e faaeteete ai le Kerisiano i mea e vaavaai iai?

Auā o mea e vaai i ai ou mata, e tosina gofie iai le mafaufau ma le loto.

Mataio 6:22-23 (SOV) - O le lamepa o le tino, o mata ia; pe afai foi e lelei ou mata, e malamalama uma ai lou tino. 23) A e afai e leaga ou mata, e pouliuli uma ai lou tino. O lenei, afai e pouliuli le malamalama ua i totonu ia te oe ona matuā tele ai lea o le pouliuli.

O le olaga Kerisiano

Aisea e faaeteete ai le Kerisiano i mea e faalogo iai?

O mea e te faalogo iai, e tosina iai lou mafaufau.

Mareko 4:24 (SOV) - Ua ia fetalai atu foi ia te i latou, Ia outou i mea tou te faalogo i ai; o le fua tou te fua atu ai, e toe fuaina mai ai ia te outou; o outou o e faalogologo, e faaopoopoina ia te outou.

Aisea e faaeteete ai le Kerisiano i tusi e faitau iai?

O mea e te faitau iai, e mafai ona ta'ita'ieseina oe ma fesuiai lou lumanai.

Iosua 1:8 (SOV) - E le te'a i lou gutu le tusi o lenei tulafono, a ia mafaufau i ai i le ao atoa ma le po, ina ia e anaana e fai e tusa ma mea uma ua tusia i ai; ona manuia ai lea ia te oe o lou ala, ona e manuia ai lea.

Aisea e faaeteete ai le Kerisiano i upu e tautala iai?

Auā e iloa lava oe i lau gagana ma e tosina foi le faalogo a tagata i upu e te tautala iai.

Salamo 19:14 (SOV) - Ia mālie foi ia te oe upu a lo'u gutu, ma mafaufauga o lo'u loto, Ieova e, lo'u papa ma le na te togiolaina a'u.

Faataoto 15:1-2 (SOV) - O le tali filemu e liliueseina ai le ita; a o le upu faatiga e tupu ai le ita. 2) O laulaufaiva o e popoto e faafiafia tagata i le poto; a o gutu o e valelea e luai mai ai le valea.

Pe tatau i le Kerisiano ona faaeteete i lana filifiliga o ana uo?

Ioe, auā o le finagalo o le Atua ia e faia le filifiliga tonu ma le sa'o.

Mika 6:8 (SOV) - Sole, ua faaali atu e ia ia te oe le mea lelei; se a foi se mea e finagalo ai Ieova ia te oe, pe a le o ia mea, ia fai le amiotonu, ia naunau i le alofa, ma ia feooai ma lou Atua ma le loto faamaulalo?

Iakopo 4:4 (SOV) - O outou tane mulilulua e, ma fafine mulilulua e, tou te le iloa ea o le fefaauoai ma le lalolagi o le ita lea i le Atua? O lenei, o sē fia uo ma le lalolagi, ua avea o ia ma ita i le Atua
.

O le olaga Kerisiano

Aisea e tatau ai i le Kerisiano ona mafuta atu pea i le ekalesia i aso uma pei ona masani ai?

Auā ua faatonuina e le Afioga a le Atua, aua le lafoaina le mafuta faatasi ona o le aso tele ua lata tele mai.

Roma 10:17 (SOV) - O lenei, e tupu le faatuatua i le taulogologo atu, o le taulogologo atu foi o i le afioga a le Atua lea.

Eperu 10:25 (SOV) - aua le lafoaiina le faapotopotoina o i tatou, pei o le masani o isi, a ia fefaamafanafanai; ia atili ai foi ona faapea ina ua outou iloa o le aso o lo'o tāulata mai.

O a ni folafolaga a le Atua mo i latou e fiafia e toe fa'afoi atu ia te Ia mea uma e sefuluai a latou mea fa'atasi ma taulaga?

Ua folafola e le Atua e matala lona lagi ae sasa'a mai ona manuia seia silisili ona tele. E puipui foi au mea ona o le aina fua.

Malaki 3:10 (SOV) - Ina aumaia mea e sefulu a'i a outou mea uma lava i le fale e tuu ai mea; ina ia i ai mea e 'ai i lo'u fale; ma

O le olaga Kerisiano

ia outou tofotofo mai ai ia te au i lenei mea, ua fetalai mai ai Ieova o 'au; pe ou te le toina pupuni o le lagi mo outou, ma sasaa atu le manuia mo outou, ina seia silisili ona tele.

O lea le Sefuluai?

O le toe fa'afoi atu lea i le Atua o le 10% o mea uma e te maua pe a e alu i le fale o le Atua e te tapuai o le vaega lea e tausi ai le tagata o le Atua ma galuega fai, ae tatala mai e le Atua lona Lagi ae sasa'a mai ona manuia seia silisili ona tele. Na te puipui foi au mea totino mai le fili.

Malaki 3:10 (SOV) — Ina aumaia mea e sefulu a'i a outou mea uma lava i le fale e tuu ai mea; ina ia i ai mea e 'ai i lo'u fale; ma ia outou tofotofo mai ai ia te au i lenei mea, ua fetalai mai ai Ieova o 'au; pe ou te le toina pupuni o le lagi mo outou, ma sasaa atu le manuia mo outou, ina seia silisili ona tele.

Eperu 7:2 (SOV) — sa foai atu foi e Aperaamo ia te ia mea e sefulu a'i o mea uma, (o le uiga muamua o lona igoa, o le tupu o le amiotonu, i le ma le tupu o Salema o le tupu o le filemu lea;)

O le olaga Kerisiano

Aisea e tatau ai i le Kerisiano ona ave ana Sefuluai?

O le vaega lea a le Atua na te manaomia mai i ona tagata auā e leai sa latou aia iai. Sa ave e le au faresaio a latou sefuluai, ae fetalai Iesu, e tatau ona sili atu la tatou amio nai lo le au faresaio.

Kenese 28:22 (SOV) - o lenei maa foi, ua ou faatuina ma faailoga, e fai lea ma fale o le Atua; o mea uma foi e te foai mai ia te au ou te avatu lava ia te oe mea e sefulu a'i.

Mataio 5:20 (SOV) - Auā ou te fai atu ia te outou, a le sili la outou amiotonu i la le au tusiupu ma le au faresaio, e le sao atu lava outou i le malo o le lagi.
Mataio 23:23 (SOV) - Oi talofa ia te outou tusiupu ma faresaio, tagata pepelo! ua outou avatu mea e sefulu a'i o le mili, ma le aneto, ma le kumina, a ua tuu e outou o mea silisili o i le tulafono, o le amiotonu, ma le alofa, ma le faamaoni; e tatau pe ana faia nei mea, a e aua foi le tuu na mea.

Vaega 15

O le Ola Fa'atumuina e le Agaga Paia

O le ola Fa'atumina e le Agaga paia

O lea le ola fa'atumuina e le Agaga Paia?

O ia lea ua matuā tu'uina atu atoatoa i le Agaga Paia, ae lafoai tu'inanau sa masani ai.

Efeso 5:18 (SOV) - Aua foi ne'i onā outou i le uaina, o le mea e ulavale ai; a ia faatumuina outou i le Agaga .

E fa'apefea ona ola le tagata ua tumu i le Agaga Paia?

E muamua ona fanaufouina, ona papatisoina lea i le vai pei o Iesu, ona saili ai lea i le papatisoga i le Agaga Paia.

Ioane 14:17 (SOV) - o le Agaga lea e tupu mai ai le upu moni, e le mafai e le lalolagi ona talia o ia, auā, ua le vaaia o ia, ua le iloa foi o ia; a o outou, ua outou iloa o ia, auā e tumau pea ia ia te outou, e i ai foi o ia i totonu ia te outou.

Galuega 1:5 (SOV) - Auā na papatiso lava Ioane i le vai; a o outou, e papatisoina outou i le Agaga Paia e le tele ni aso e va a'i.

O le ola Fa'atumina e le Agaga paia

1 Ioane 2: 27 (SOV) - O le faauuina foi ua outou maua mai ia te ia, e tumau lea ia te outou, e le aoga foi ona a'oa'oina atu e se tasi ia te outou; a e faapei ona a'oa'o atu ia te outou e lea lava faauuina i mea uma lava, e moni foi lea, a e leai sona pepelo; faapei ona a'oa'o atu foi ia te outou, ia outou tumau lava ia te ia.

E fa'apefea ona papatisoina le Kerisiano i le Agaga Paia?

E papatisoina oe i le Agaga Paia e ala i lou fa'atali i le fa'atuatua pei o ulua'i so'o sa latou vivi'i tatalo ma faafetai i le Atua mo le meaalofa, ona fa'afuasei lea ona liligi mai.

Luka 24:49-53 (SOV) - Faauta foi, ou te auina mai ia te outou le na folafolaina e lo'u Tamā; a ia outou nonofo i le aai o Ierusalema, seia maua e outou le mana mai lugā. 50) Ua ave e ia ia te i latou i tua, ua oo lava i Petania; ona sisii ai lea o ona aao, ma faamanuia ia te i latou. 51) Ua oo ina o faamanuia e ia ia te i latou, ona te'a ese lea o ia ia te i latou, ua siitia i le lagi. 52) Ua latou ifo ia te ia, ona toe foi mai lea i Ierusalema ma le olioli tele; 53)

O le ola Fa'atumina e le Agaga paia

sa i le malumalu i latou e le aunoa, o latou o vivii ma faafetai atu i le Atua. Amene.

E fa'apefea ona tatou iloa ua fa'atumuina tatou e le Agaga Paia?

E afio ifo le mana o le Atua i luga ia tei tatou pei o le aso Penetekoso ona mafua ai lea ona tautala o tagata i gagana eseese pei ona avatu e le Agaga Paia le gagana ia tei latou.

Galuega 2:4 (SOV) - Ua faatutumuina foi i latou uma i le Agaga Paia, ua afua ai ona tautala i gagana eseese, pei ona foaiina mai e le Agaga o le gagana ia te i latou.

E fa'apefea ona tatou tauaveina pea le faatumuina i le Agaga Paia?

Faia mea uma e finagalo iai o Ia tatou te faia, vivii i le Atua ma tumau pea lo tatou talitonu ia te Ia.

Efeso 5:17-21 (SOV) - O lenei, aua ne'i faavalea outou, a ia outou iloa le finagalo o le Alii. 18) Aua foi ne'i onā outou i le uaina, o le mea e ulavale ai; a ia faatumuina outou i le Agaga. 19) Ia outou fetautalatalai i salāmo, ma pese, ma siva faaleagaga, ia

O le ola Fa'atumina e le Agaga paia

faaneenee atu ma pepese atu i le Alii i o outou loto. 20) ia faafetai pea lava ona o mea uma i le Atua le Tamā, i le suafa o lo tatou Alii o Iesu Keriso. 21) Ia usiusitai le tasi i le tasi ma le mata'u i le Atua.

E fa'apefea ona tatou taofia pea le mamalu o le Agaga Paia io tatou olaga?

Aua nei tatou faifai, fa'atiga pe taaalo i le Agaga Paia manatua o agasala uma e faamagaloina e le Atua, ao e fai upu i le Agaga Paia, e le faamagaloina lea i le olaga nei, po'o le Atali.

Efeso 4:30 (SOV) - Aua foi tou te faatiga i le Agaga Paia o le Atua, ua faamaufaailogaina ai outou ia te ia seia oo i le aso e faaolaina ai.

1 Tesalonia 5:19 (SOV) - Aua tou te tineia le Agaga.

O a ni galuega e faia e le Agaga Paia i totonu o le Kerisiano?

E fesoasoani ia tupu lo tatou ola faaleagaga. E galue ina ia aua nei tatou toe tama ninii a ia tagata matutua e le toe a'oa'o so'oina.

O le ola Fa'atumina e le Agaga paia

O le Agaga Paia foi e a'oa'o ma fesoasoani i lou olaga tatalo.

2 Korinito 4:16-17 (SOV) - O le mea lea matou te le faavaivai ai; auā e ui lava ina tauāu ina uma lo matou tagata i fafo, ua faafouina lē i totonu i lea aso ma lea aso. 17) Auā o lo matou puapuaga mamasagia ma le vave mavae, e tupu mai ai mo i matou le manuia mamafa e matuā silisili ese lava ma le faavavau;

Kalatia 5:16 (SOV) - Ou te fai atu, ia outou savavali i la le Agaga, ona le faia lea e outou o le tu'inanau o le tino.

Roma 8:26 (SOV) - E faapea foi le Agaga ona fesoasoani mai i lo tatou vaivai; auā tatou te le iloa mea tatou te ole atu ai ma le tusa, a e peitai o le Agaga, e fautua o ia mo i tatou i le oi e le mafai ona talatalaina.

O a ni fua o le Tagata moni ua faatumuina i le Agaga Paia?

Kalatia 5:22-23 (SOV) - A o le fua o le Agaga o le alofa, o le olioli, o le filemu, o le onosai, o le mataalofa, o le agalelei, o le faamaoni, 23) o le agamalu, ma le le gaoiā; e le faatulafonoina mea faapena.

O le ola Fa'atumina e le Agaga paia

O a nisi mea e fesoasoani ai le Agaga Paia ia i tatou?

E fesoasoani ia te oe ia fai o Ia ma ou taiala i mea e te fia alu iai.

Roma 8:14 (SOV) - Auā o i latou uma ua ta'ita'iina e le Agaga o le Atua, o atalii i latou o le Atua.

O lea se sootaga a le Agaga Paia ma le Upu moni?

O Ia lava o le Agaga o le upu moni ma o Ia foi o le Faiaoga e a'oa'o tagata ia savavali i le upu moni.

Ioane 14: 26 (SOV) - A o le Fesoasoani, o le Agaga Paia lea, e auina mai e le Tamā i lo'u igoa, o ia lava na te a'oa'o ia te outou i mea uma lava; e faamanatu mai foi o ia ia te outou i mea uma ua ou fai atu ai ia te outou.

Ioane 16:13 (SOV) - A e a maliu mai o ia, o le Agaga lea e tupu mai ai le upu moni, e ta'ita'i e ia ia te outou i upu moni uma; auā e le tautala fua ia na o ia, a o mea uma e faalogo i ai o ia, e tautala a'i lava, ma faailoa mai ia te outou mea e oo mai.

O le ola Fa'atumina e le Agaga paia

O lea tonu le faamoemoe o le Papatisoga i le Agaga Paia?

O le manaoga ma le fa'amoemoe ia tuuina atu le mana atoatoa i le tagata talitonu e auauna ai.

Galuega 1:8 (SOV) - A e maua e outou le mana, pe a afio ifo le Agaga Paia i luga ia te outou; e fai foi outou ma molimau ia te au i Ierusalema ma Iutaia uma lava, ma Samaria, e oo lava i le tulu'iga o le lalolagi

E mafai e le Agaga Paia ona faia ni avanoa faapitoa mo i tatou ao galulue ai?

Ioe, o lo'o fa'aavanoaina ia i tatou meaalofa a le Agaga Paia.

1 Korinito 12:4-5 (SOV) - E matalasi mea alofa, a e tasi lava le Agaga ia; 5) e matalasi foi faiva, a e tasi lava le Alii ia;

O a ia meaalofa?

Upu o le poto, upu o le malamalama, fa'atuatua, fa'amalolo ma'i, perofetaga, fai

O le ola Fa'atumina e le Agaga paia

vavega, suega o agaga, fa'amatalaga o gagana.

1 Korinito 12: 8-11 (SOV) - Auā ua foaiina mai i le tasi le upu o le poto e le Agaga; e i le tasi le upu o le malamalama, e tusa ma le Agaga e tasi; 9) e i le tasi le taofi tonu e le Agaga e tasi; e i le tasi o mea alofa e faamalolo a'i ma'i e le Agaga e tasi; 10) e i le tasi na te faia vavega; e i le tasi o le perofeta; e i le tasi o suega o agaga; e i le tasi gagana eseese; e i le tasi o le faamatalaga o gagana. 11) E matuā galue foi na mea uma e lea lava Agaga e tasi, o lo'o o tufatufa i tagata ia taitasi ma lana mea, pei ona finagalo i ai o ia.

O a isi meaalofa ua foaina mai e le Agaga Paia i ona tagata?

Ua tuuina mai le aia tatau e a'oa'o atu ai a ia tusa ma lana faasinoga.

Roma 12: 6-8 (SOV) - O lo'o eseese foi a tatou mea e tufaina mai i le alofa tunoa ua foaiina mai ia te i tatou; po o le perofeta, ia faatatauina ma le tofi o le faatuatua; 7) po o le tiakono, ia faia le faiva o le tiakono; po o le a'oa'o, ia a'oa'o atu ia; 8) po o le apoapoai, ia apoapoai o ia; o le

O le ola Fa'atumina e le Agaga paia

foai mea ia faia ma le matamau; o lē pule, ia faia ma le filigā; o le fai mea alofa, ia faia ma le loto fiafia.

Vaega 16

O Numera o le Tusi Paia

O Numera o le Tusi Paia

O numera i lona faaaogaina i le Afioga a le Atua e le mafai ona soona faaaogaina i se tulaga e soona nunumi peitai ane e faamatalaina i se tulaga manino lelei. "O le na ia sailia le mea e moni atoatoa o ia lava e iai le oloa taua o le poto lilo ma le malamalama."

Kolose 2: 2 ina ia faamafanafanaina o latou loto, o faasooina i le alofa, ina ia maua ai le oloa uma o le mautinoa i le loto matala, ina ia iloa lelei le upu a le Atua sa lilo, o le Tamā lea, atoa ma Keriso; 3) ua ia te ia le oloa uma o le poto atoa ma le malamalama, ua lilo ai.

O mea uma na faia e le Atua ua faailogaina i le "Fa'amaufaailoga a le Atua" i numera. Na faia e le Atua le tagata i taimi faanumeraina, o lona uiga o ia lava o le tagata o fuainumera. E leai lava ma sona taumateina, o le Tusi Paia o le Afioga paia lea a le Atua ua uma ona "Fa'amaufaailogaina" o le Tusi Paia o Numera.

E matua fa'amautuina lava e le Atua lana Afioga atoa pei ona tusia i augatupulaga i taimi eseese pei ona tupoina, ae fa'aalia lava i le tusi atoa le manino o lona faamatalaina e ala i fuainumera.

O Numera o le Tusi Paia

O le amata mai ia Kenese e oo lava ia Faaaliga. E faamaonia ai le moni ma le faamaoni o ana afioga uma lave o le manava ola lea mai ona fofoga pei lava ona manava ai ia Atamu i le amataga.

FAAOLAOLAINA, FAAMAUFAAILOGAINA, FAAALITINOINA.

Oute talitonu o le mafuaaga lea na faapea ai le Perofeta o Ieremia:

Ieremia 15:16 (SOV) – Na maua au afioga, ona ou 'ai ai lea; sa ia te au lau afioga e fai ma mea e olioli ai ma fiafia ai lo'u loto; auā ua ta'ua a'u i lou suafa, Ieova e, le Atua o 'au.

Fai mai foi Tavita i le tusi a *Salamo 119:9,11 (SOV)* – E fa'apefea ea ona fa'amamāina e le taulealea o lona ala? Ona ua tausi i ai e tusa ma lau afioga. 11) Ua ou teu i lo'u loto lau afioga, ina ne'i ou agasala ia te oe.

Na ou vaai iai i lenei faaaliga i le tele o tausaga ma ou fa'amauina i le fa'atuatua ma ou fa'aigoaina **"O le tui puipuia faaleagaga"** ma ua fa'amaonia e sili atu lona malosi i lo

O Numera o le Tusi Paia

tui ia e faasolo mai i lenei vaitaimi pe a fa'atuatua ae aua le fefe. Aua foi e tupu le fa'atuatua i le faalogo i le afioga a le Atua. Aisea?

Auā o le afioga a le Atua:

1. Fa'avavau Lona umi - Salamo 119:89
2. E ofoofogia Lona tupuaga - Mataio 4:4
3. E le mafa'amatalaina Lona taua - Salamo 119:72
4. E le faatuaoia Lona fua - Salamo 119:111-112. (O le fua lea e fuaina tatou)
5. E fa'afouina pea Lona mana (Ona pau lava lea o le mana na te mafaia ona vaetama, fanaufouina, fa'afouina, ta'uamiotonuina, fa'apaiaina i tatou seia oo i le aso o le Alii) - 1 Tesalonia 5:19-24.
6. E le fa'atoilaloina Lana pule - Mataio 28:18, 12: 18-21, 31-32.
7. E moomia e le lalolagi atoa - Mataio 12:42.
8. E patino Lona faaaogaina - 2 Timoteo 2:14-15, 4:1-2
9. Na te fa'alototele Ia atoatoa - 2 Timoteo 3:16-17, Mataio 7:24-25

O Numera o le Tusi Paia

O lea sa tatou mea e ao ona fai i le afioga a le Atua?

Tusi i lalo - Sapakuka 2:2-3, Isaia 30:8
Faitau ma mafaufau i ai - Salamo 1:2
Tatalo ma talia - Salamo 119:33
Fa'ata'ita'i ma savali ai - Salamo 119:36-37, Mataio 11:29
Fa'asoa ma tufaina atu - Salamo 119:41-44, Mataio 28:20

Mataupu Fa'avae Numera

I Numera i lona fa'aogaina ia manatua lelei e iai lava laina tuaoi i lona fa'aogaina i le Tusi Paia ma le fa'aeteetega e isi tagata o e faia maneta, ma fa'ataulaitu e faaaoga ai numera. Taumafai aua tatou te sopoia le tuaoi mai le fa'amatalaina e le Tusi Paia o numera pei ona fa'aalia.

E pei o le tele o tagata o lo'o fa'aogaina le pele i ta'aloga tupe eseese atoa ai ma mea faamaneta po'o le su'e ai foi o ma'i. Fai mai le upu a se tasi o auauna iloga i le faiaogaina o le Tusi Paia, o le pele, ole tusi paia a satani ma ua ou vaai iai i le tele o tagata e maumau ola ona o pelega tupe. Aua nei avea ia mea e fa'aseseina ai lou talitonuga i le upu fa'auuina a le Atua.

O Numera o le Tusi Paia

Fa'alautelega:

Toeitiiti lava o itulau uma o le Tusi Paia e fa'aalia mai ai le fa'aogaina o Numera. O le Atua lava ia na fa'apaiaina numera ma fa'amaufaailogaina lana numera i mea uma lava na fai. O le fa'amaufaailoga foi lea, ua tuuina i lana tusi ua ta'ua le Tusi Paia.

I le tusi a Tanielu 8:13-14 O le na aveina ia Tanielu le numera o aso e uiga i le faamamaina o le mea paia, ua faatusaina ma ta'ua "O le numera o mea lilo" po'o le "Numera Matagofie" (2300 po ma ao).

- → Iopu 14:16 "Aua ua e faitaulia nei o'u laasaga"
- → Salamo 90:12 "Aoao mai i matou ia faitauina o matou aso"
- → Tanielu 5:26 "Ua fuatia e le Atua lou malo"
- → Salamo 147:4 "O lo'o faitaulia e ia le aofai e fetu"
- → Mataio 10:30 "A o outou laulu, ua faitaulia uma ia"

O fuaiupu uma nei ua tau mai ai ia i tatou o lo tatou Atua e sili atu lona silafia o

O Numera o le Tusi Paia

Numera nai se tasi lava tagata. O ana polokalame foi mo lona nuu le Malo o Isaraelu, tele lava ina pulea ma fa'aaogaina numera. O lona fa'amaoniga o le Falefetafai o Mose, Tausamiga a le Alii atoa ma isi Sauniga ua uma ona faatonuina ai le nuu ia faia pei o Tulafono ua tusia. (Esoto 25-40).

Fa'aaogaina numera i le Tusi Paia e fa'amatalaina uiga o mea atoa ma o latou uiga ae maise lona fa'ataunuuina i le lumanai ma aso o le a oo mai. E lua vaega e fa'amatalaina ai numera i le Tusi Paia:

Igoa ma lona ona uiga. I le Tusi a Kenese 15, e fa'ailoa atu ai ia te oe igoa o mea ma o latou fuainumera atoa ma uiga.

O le mafuaaga lea e fetalai mai ai Iesu ma le pule ia i tatou pei foi ona fetalai atu ia Nikotemo, e tatau ona e toe fanau.

Pe afai e te fa'aafio Iesu i lou loto pei ona ou talia o Ia 1965 ina ua faatoa 15 o'u tausaga, e leai ma so'u masalosalo ina ua maea ona ou faia le tatalo o le fa'aolataga e faafetai atu ai i lona maliu ma toe soifua manumalo mai ina ia faaola ia te a'u.

O Numera o le Tusi Paia

Na ou tautino atu o a'u lava o le tagata agasala. Ma o le po foi lenei ua ou matua salamo i a'u agasala , oute tatala atu lo'u nei loto, afio mai ma e afio tumau ai. Sa ou fa'afetai atu ia Iesu Keriso ua fa'aolaina a'u, fa'amaloloina, fa'asaolotoina, ua ou mautinoa foi o le lagi o lo'u nuu moni lea. Na maligi loimata mo se taimi muamua ua ou faia ai se tatalo faapea ae ona o le alofa tunoa o le Atua e ala i le fa'atuatua ua ou matua mautinoa ua afio mai o Ia ma fa'amaufaailogaina lo'u loto, mafaufau atoa ma lo'u tino i lona toto paia.

A'o tusia lenei tusi i le 73 o o'u tausaga agai atu i le 74, lagona le malosi ma le maloloina i le agaga ma le mafaufau atoa ma le tino, āua e sili le malosi o Le oi totonu ia te a'u ma oe nai lo le i le lalolagi. Na ia faia mo a'u, na te faia foi mo oe. E tu'u avanoa pea le Atua, aua nei tuai.

O Numera o le Tusi Paia

NUMERA	LONG UIGA	TUSI
1 (Tasi)	Muamua / Amataga	Mataio 6:33
	Ia Tasi le ulugalii	Kenese 1:21-24 (Tasi le ivi) Malaki 2:14-15
	Tasi le Atua na faia tatou ia tasi	Malaki 2:10 Mataio 6:9
2 (Lua)	Molimau	Teuteronome 17:6 Ioane 8:17, 26-27
	Tautinoga po'o le mau 1+1	Mataio 18:16
	Vaeluaina	Kenese 1:6-8 Mataio

O Numera o le Tusi Paia

		24:40-41
3 (Tolu)	Tolutasi Paia	Mataio 28:19, 1 Ioane 5:6-7
	Molimau atoaatoa	Teuteronome 17:6 Esekielu 14:14-18
4 (Fa)	Tagata lona fa i totonu o le afi ma e amiotonu	Tanielu 3:24-25 (3+1 = 4)
	Matamatagi e fa mai tulimanu o le lalolagi	Kenese 2:10, Levitiko 11:20-27, Ieremia 49:36 Esekielu 37:9
5 (Lima)	Alofa Tunoa. Maliega atoatoa o le Lagi.	Efeso 4:11-12
	O mea e 5 i le	Esoto 26:3, 9,27,37.

O Numera o le Tusi Paia

	falefetafa'i o Mose	27:1,18
	Areto e lima	Mareko 6:38-44, Luka 9:13
6 (Ono)	Numera o le tagata	Kenese 1:27-31
	Satani	2 Samuelu 21:20
7 (Fitu)	Fa'amaufaai loga a le Atua. Atoatoa ona lelei.	Kenese 2:3
	7 Auga tupulaga mai ia Atamu e oo ia Enoka	Kenese 5:1-5
8 (Valu)	O le toe tu	Levitiko 14:10-23, Luka 28:1
	Amataga fou	Kenese 17:12-15, 1 Peteru 3:20
	Iesu,	Ioane 20:

O Numera o le Tusi Paia

	Fa'aolataga	26
9 (Iva)	Atoatoa, Mae'a	Mataio 27: 46
	Numera o le Agaga Paia	1 Korinito 12:1-11, Kalatia 5:22-23
10 (Sefulu)	Fetalai faasefulu le Atua	Kenese 1, 2
	Tulafono ma ona aiaiga	Esoto 34:27
	Malo o Satani	Faaaliga 12:3
	Malo anitikeriso	Tanielu 2 (10 tamai vae), 7 (10 nifo)
	Tofotofoga ma aoaiga e taua le ave o Sefuluai	Mataio 25:1-30 Levitiko 27:32 Malaki 3:10

O Numera o le Tusi Paia

11 (Sefulu tasi)	Le paleni Le atoa	Esoto 26:27 Mataio 26:14, Teuteronome 1:1-3
	Leai se faavae mautu	Tanielu 7 - (nifo itiiti) (1+10 & 12 -1)
12 (Sefulu lua)	Malo atoatoa	Kenese 49:28, Esoto 15:27
	Tofi Paia o le Au Aposetolo	Mataio 19:28, Luka 6:12-13
	Puipui o le Aai Paia teuteu i penina 12	Faaaliga 21:21
13 (Sefulu tolu)	Fouvale / Tuulafoaina	Kenese 14:4. 10:9-10
	Fai mea le mae'a	1 Tupu 7:1
	Satani (lona natura ia	Eseta 9: 1

O Numera o le Tusi Paia

	fasioti)	
	Fa'afeiloa'i le Atua i le numera le atoa	Kenese 48 - Efaraima le Ituaiga 13
	1 Atua + 3 Tolutasi = Fa'aluaina	Paulo po'o Iuta le Aposetolo 13
14 (Sefulu fa)	Paseka	Esoto 12:3-6
	Totogi sui faalua 7x2 = 14 tausaga	Kenese 21:41 (7x2=14yrs)
	Leai ni meaai mo le 14 aso	Galuega 27:27-33
17 (Sefulu fitu)	Atoatoa ona lelei pe a taitai e le Agaga	Kenese 37:2
	Tau o le fanua	Ieremia 32:9
	Aso na tupu ai le lolo (17)	Kenese 7:11

O Numera o le Tusi Paia

	To'a le vaa i luga o Ararata (17)	Kenese 8:4
24 (Lua sefulu fa)	Fa'atulagai na o Faitaulaga	Iosua 4:2-9
	Maua Elisaia o faigaluega	1 Tupu 19:19 (Suotosina 24 povi)
	Malo mautu ma lelei	1 Nofoaiga Tupu 24:3-5, Faaaliga 4:4
30 (Tolu sefulu)	Tagata matua i le Atua	Kenese 41:46, 2 Samuelu 5:4
	Iesu Mo le Galuega a le Atua	Luka 3:22-23
	Tupe na faalata ai Iesu	Mataio 26:15
37 (Tolu sefulu fitu)	O le Upu o le Atua

7 - Atua | Kenese 1:1 Atua, Lagi, Lalolagi |

	7 - Lagi 7 - Lalolagi 21 x 37 = 777 (Atoatoa Paia)	(aofaiga = 7+7+7 = 21 x 37 = 777) - Atoatoa Paia
40 (Fa sefulu)	Taimi o le tofotofoina e iu i le manumalo po'o le faiaina	
	Mose e lei ai pe inu	Esoto 34:27-28
	Tagata na o e asiasi i le aai	Numera 13:25
	O le malaga i le vao	Numera 14:33
	Anapogi Iesu e 40 aso	Mataio 4:2
	Fa'aali Iesu i le au soo ina ua soifua mai	Galuega 1:3
50 (Lima sefulu)	Penetekoso	Galuega 1:1-8

O Numera o le Tusi Paia

	Iupeli po'o le Sapati faa le tausaga	Esoto 26:5-6, Levitiko 25:10-11
	O le laau na fafau e Hamanu mo ia	Eseta 7:9
70 (Fitu sefulu)	E mafai ona faaopopo pe tupu pea	Luka 10:1-2
	Folafola e le Atua le taui o le fasioti o Kaino (faa 7) E taui atu e le Atua ia te oe	Kenese 4:24
	Ua tali e Iesu le fesili a Peteru i le faamagaloga	Mataio 18:21-22
	Tausaga o Tara ae fanaua Aperamo	Kenese 11:26

	O tagata uma na fanaua e Iakopo	Esoto 1:5
	To lauapi le nuu i Ailima e iai pama e 70	Esoto 15:27
75 (Fitu sefulu lima)	Tēte'a O le 75 o tausaga o Aperamo na tete'a ai i Aikupito ina ua tautino ia Farao o lona tuafafine	Kenese 12:4
	Fa'amamaina ma le faatoilaloina o Sa Iuta	Eseta 7:9-10
120 (Selau lua sefulu)	O le iuga o le lalolagi tuai.	Kenese 6:3 (le lolo)

O Numera o le Tusi Paia

	O le maliu o Mose.	Teuteronome 34:7
	Amataina o le Ola i le Agaga Paia.	Galuega 1:5
144 (Selau fa sefulu fa afe)	Foafoaga ma le Togiola 12 ituaiga o Isaraelu x 12 so'o = 144	Faaaliga 7:1-7, 14:1-3
	144,000 tagata filifilia o le Atua i le taimi o puapuaga.	Faaaliga 21:17
153 (Selau lima tolu)	Seleselega o le aoina (9 x 17 = 153) 1 = Atua 5 = Alofa Tunoa 3 = Tolutasi	Ioane 21:6-11
	Auauna Fa'amaoni	

O Numera o le Tusi Paia

300 (Tolu selau)	E 300 tausaga o Enoka ae fanauina Metusela	Kenese 5:22
	E 300 le au tau na malo i le taua	Faamasino 8:4
666	Numera a le anitikeriso	Faaaliga 13:18
	Fa'ailogain a e le manufeai	Faaaliga 14:9-11
777	Fa'amaufaai loga a le Atua le Atua [7] le Lagi [7] ma le Lalolagi [7] I le amataga.	Kenese 1:1 (Le Atua, Le Lagi, Le Lalolagi)

Vaega 17

O Iesu Keriso I Tusi Uma
O Le Tusi Paia

O Iesu Keriso I Tusi Uma o le Tusi Paia

O lona uiga:

O Iesu Keriso o ia lava o le Autu ma le totonugalemu ua fa'amatalaina mai e le Afioga ma auiliili manino po'o ai tonu lava o Ia.

O ai e faasino tonu iai?

O le Tusi Paia atoa i lona fefulisaiga i soo se itu, e fa'atatau tonu lava ia Iesu o le Upu o le Ola. O ia lava o le autu o le mea moni e fua ma fa'ailoa i ana fetalaiga ma ana galuega fa'atino o le fa'aalia atoatoa lea o le mana matautia o faaaliga ua tu'uina atu e lona Tamā ia te Ia. E pei ona fetalai, o Ia ma lona Tamā e tasi lava i laua.

E faamaonia i tusi nei pei ona ta'ua i lalo:

- *Luka 24:27 (SOV) - Ona faamatala ai lea e ia ia te i laua o mea ua tusia ia te ia i Tusi uma, ua amata mai ia Mose atoa ma le au perofeta uma.*

- *Luka 24:44 (SOV) - Ua fetalai atu ia ia te i latou, O upu ia na ou fai atu ai ia te outou, ina o ou ia te outou; e tatau ona taunuu o mea uma ua tusia ia te au i le tulafono a Mose, ma le au perofeta, ma salāmo.*

O Iesu Keriso I Tusi Uma o le Tusi Paia

- *Ioane 1:45 (SOV) - Ua maua Natanielu e Filipo, ona fai atu lea ia te ia, Ua matou maua o ia le ua tusia e Mose i le tulafono, atoa ma le au perofeta, o Iesu lea, o le atalii o Iosefa, o le Nasareta.*

- *Ioane 5:39 (SOV) - E suesue outou i Tusi, auā ua outou manatu tou te maua ai le ola e faavavau; o Tusi foi ia o lo'o molimau ia te au;*

- *Galuega 10:43 (SOV) - Ua molitinoina mai o ia e le au perofeta uma, ona o lona suafa e maua ai le faamagalo o agasala a ē faatuatua ia te ia uma lava.*

- *Eperu 11:7 (SOV) - O le faatuatua na fausia ai e Noa le vaa ina ua mata'u, e ola ai lona aiga, ina ua a'oa'oina e le Atua i mea e lei vaaia i ia ona po, na ia faasalaina ai le lalolagi, ua na maua ai foi le amiotonu, o le amiotonu lea e i le faatuatua.*

E mafai foi ona e vaai i isi tusi nei:

→ Mataio 5:17-18
→ Ioane 1:1
→ John 1:14
→ Ioane 5:46-47

O Iesu Keriso I Tusi Uma o le Tusi Paia

→ Ioane 14:6
→ Ioane 17:17
→ Galuega 3:18

O nei tusi uma o lo'o fa'amaonia mai ai le moni o Iesu Keriso o le totonugalemu o le Tusi Paia. O le Atua lava na ia tusia tusi uma, peitai ua na tu'uina atu le pule e fa'atino ai e lona Atalii mea uma ona o Ia lea na liu tino tagata e saili ma fa'aola le tagata ua leiloa.

Ua tuuina atu e le Atua i Lona Alo le pule aoao i mea uma: Kolose 1

1. (1:5) O Ia foi ua tusa ma le Atua e le vaaia

2. O le ulumatua i mea uma lava ua faia.

3. (1:16) Auā na faia e Ia mea uma lava.

4. O mea i le lagi ma mea i le lalolagi.

5. O mea o vaaia ma mea e le o vaaia

6. O nofoalii ma alii, ma alii sili ma faipule.

7. Na faia e Ia mea uma lava, na faia foi e Ia.

O Iesu Keriso I Tusi Uma o le Tusi Paia

8. (1:17) O ia foi o le uluai o mea uma lava

9. O lo'o fa'atumauina foi mea uma lava ia te Ia.

10.   (1:18) O le ulu foi o Ia o le tino o le ekalesia lea.
11.   O le amataga foi o Ia.

12.   O le ulumatua o e ua oti.

13.   Ina ia fai o Ia ma fa'asilisili i mea uma lava.

14.   (1:19) Auā ua finagalo le Tama.

15.   Ia mau i totonu ia te Ia le tumu atoatoa.

O Iesu Keriso I Tusi Uma o le Tusi Paia

TUSI	FEAGAIGA TUAI	FEAGAIGA FOU
KENESE		
Tama a le fafine	Kenese 3:15	Mataio 1:23
O le na faia mea uma	Kenese 1:1	Kolose 1:16
Atolaau o le Feagaiga	Kenese 6:18	Luka 2:30
Atalii e toatasi	Kenese 22:2	Ioane 3:16
Atalii pele	Kenese 37:4	Mataio 3:17
ESOTO		
Tamai mamoe o le Paseka	Esoto 12:1-4	1 Korinito 5:17
O ia e fa'asaoloto ina	Esoto 3, 6:1-8	Galuega 5:31
Puluvaga	Esoto 32:30-35	Eperu 8:6

O Iesu Keriso I Tusi Uma o le Tusi Paia

O Le aumaia le tulafono	Esoto 20:1-12	Eperu 8:10
Faitaulaga silisili	Esoto 28:29	Eperu 2:19
Fale fetafai o le Atua - faatasi ma tagata.	Esoto 40:34-35	Ioane 1:14

LEVITIKO

Faitaulaga Paia	Levitiko 8:9-10	Eperu 7:26
Taulaga e osi i le Atua	Levitiko 1-7	Eperu 10:12
Osigafeagaiga i taulaga	Levitiko 16	Eperu 9:1-14

NUMERA

| Ao faaniutu i le ao ma le afi faaniutu i | Numera 9:15-17 | Roma 8:14 |

O Iesu Keriso I Tusi Uma o le Tusi Paia

le po		
Fata faitaulaga i le vao	Numera 3, 4, 7	Ioane 1:14
Gata apamemea	Numera 21:8-9	Ioane 3:14
O le papa e puna ai le vai	Numera 20:8	1 Korinito 10:4
Fetu mai le aiga o Iakopo	Numera 24:7	Mataio 2:2

TEUTERONOME		
Perofeta e pei o Mose	Teuteronome 18:15-19	Galuega 3:22
O le papa	Teuteronome 32:4, 18, 31	1 Korinito 10:4

IOSUA		
Kapeteni o lo tatou Fa'aolataga	Iosua 5:13-15	Eperu 2:10
O le foai mai le tofi	Iosua 18:7	Eperu 4 Efeso 1:3,14

O Iesu Keriso I Tusi Uma o le Tusi Paia

FAAMASINO		
Faamasino ma le fai tulafono	Faamasino 2:13-23	Mataio 1:21-23
O le Naseri e faaola	Faamasino 14:3-4	Luka 1:31
RUTA		
O Le toe aumaia le tofi	Ruta 4: 1-12	Faaaliga 5:9-10
Alii o le seleselega	Ruta 2: 14-17	Luka 10:1-2
1 SAMUELU		
Perofeta fa'atuatuaina	1 Samuelu 16:1,13	Mataio 27:37
2 SAMUELU		
Alo o Tavita	2 Samuelu 7	Mataio 1:1
1 TUPU		
Tupu o le Filemu	1 Tupu 1-4	Mataio 1:1

O Iesu Keriso I Tusi Uma o le Tusi Paia

O le e fausia le Malumalu	1 Tupu 5-8	Efeso 2:20-22
2 TUPU		
Tagata o le Atua	2 Tupu 1:12	Luka 23: 47
Tupu Amiotonu	2 Tupu 3:12	1 Korinito 1:30
1 NOFOAIGA TUPU		
Tavita le tupu matautia	1 Nofoaiga Tupu 11:1-3	Mataio 1:1 Faaaliga 22:16
2 NOFOAIGA TUPU		
O le e faafouina le malumalu	2 Nofoaiga Tupu 29:1-3	Mataio 21:12-13
Taitai tagata ia fa'apaiaina	2 Nofoaiga Tupu 29:4-5	Eperu 9:11-12
ESERA		
Tusiupu faamaoni	Esera 7:6-10	Galuega 3:20-21

O Iesu Keriso I Tusi Uma o le Tusi Paia

Ositaulaga	Esera 10:10	Eperu 5:5
NEEMIA		
O Le na toe fausia Pa o Ierusalema	Neemia 2:17	Mataio 16:18
O le auauna tatalo	Neemia 1:4	Ioane 17
ESETA		
Moretekai	Eseta 6:13	Mataio 2:6
Tupu ma le fa'atoanofo tane	Eseta 2:17	Faaaliga 19:7
IOPU		
Fa'aola e faavavau	Iopu 2:9-10	Mataio 11:27-28
Faitaulaga sili ona onosai	Iopu 1:20-22	Eperu 4:14-16
SALAMO		
O le leoleo mamoe lelei	Salamo 23	Ioane 3:16 Ioane 10:11,14

O Iesu Keriso I Tusi Uma o le Tusi Paia

FAATAOTO		
Poto o le Atua	Faataoto 1-2	1 Korinito 1:20, 24 Kolose 2:3
FAILAUGA		
O Le e folafola	Failauga 1:1	Luka 4:18-19
PESE A SOLOMONA		
Tupu o le filemu / Fa'atoa faiava	Pese a Solomona 1:8	Ioane 14:27
ISAIA		
Perenise o le Filemu	Isaia 9:6	Ioane 15:16-17
IEREMIA		
Perofeta paia na faatulai e le Atua	Ieremia 1:4-5	Galuega 3:22
AUEGA		
Perofeta	Auega 1:16	Luka 19:41-

O Iesu Keriso I Tusi Uma o le Tusi Paia

tagi		44
Tagata tumu i le faanoanoa ma le tiga	Auega 1:12-18	Mataio 23:37-38
ESEKIELU		
O le Atalii o le Tagata	Esekielu 2:1-10, 3:1-4	Ioane 1:51-52
TANIELU		
Tagata lona fa i totonu o le afi	Tanielu 3:25	Mataio 24:13
Maa e tuipalaina	Tanielu 2:34-35	Mataio 21:42-44
HOSEA		
O Le Tane e faavavau	Hosea 2:16	Mataio 5:17-18
IOELU		
O Ia e papatiso i le Agaga Paia	Ioelu 2:28-32	Galuega 2:33

O Iesu Keriso I Tusi Uma o le Tusi Paia

AMOSA		
O Le na te aveina avega mamafa	Amosa 9:11-15	2 Tesalonia 1:7-9
OPETAIA		
Misionare o nuu ese	Opetaia 1:15-21	2 Tesalonia 1:7-10
IONA		
Ua na o Ieova e faaola	Iona 2:9	Mataio 1:21
MIKA		
O le Tupu na teena e ona tagata.	Mika 5:1-2	Ioane 19:15-16
NAUMA		
O Le taui ma sui	Nauma 1:2-7	2 Peteru 3:9-12
Ave feau e matagofie o latou vae	Nauma 1:15	Roma 10:14-15

O Iesu Keriso I Tusi Uma o le Tusi Paia

SAPAKUKA		
Fa'aevageli a naunau i le faaolaolaina	Sapakuka 1: 5-14	Galuega 13:42-46
SEFANAIA		
Le Alii matautia na te mafai ona faaola	Sefanaia 2:1-3	Luka 1:67-71
HAKAI		
Na te toe faafoi mai mea ua leiloa	Hakai 1:14-15	Mataio 16:18
O le faia le fale o le Atua	Hakai 1:2-9	Eperu 1:1-2
SAKARIA		
Punavai i le fale o Tavita mo le aveeseina o	Sakaria 3:8	Mataio 2:23

O Iesu Keriso I Tusi Uma o le Tusi Paia

agasala		
Leoleo mamoe sauaina	Sakaria 13:7	Mareko 14:27
MALAKI		
Atalii o le amiotonu	Malaki 3:1-3	LUKA 1:80

TUSI O LE FEAGAIGA FOU	
MATAIO	
Mesia	Mataio 1:18
Emanuelu	Mataio 1:21
MAREKO	
Atalii o le Tagata	Mareko 10:45
Faia galuega ofoofogia	Mareko 10:46-53
LUKA	
Failauga	Luka 4:18

O Iesu Keriso I Tusi Uma o le Tusi Paia

fa'auuina e fa'amalolo ma fa'asaoloto	
IOANE	
Alo o le Atua	Ioane 3:16
O le Lokou, po'o le Upu	Ioane 1:1
O le ala, upu moni ma le ola	Ioane 14:6
GALUEGA	
O Le papatiso i le Agaga Paia	Galuega 1:5
ROMA	
O le Alii na te tauamiotonuina	Roma 5:1-10
1 KORINITO	
O le Alofa o le Atua	1 Korinito 13
O le toe fa'atuina i le ola fou	1 Korinito 15:4

O Iesu Keriso I Tusi Uma o le Tusi Paia

2 KORINITO	
O le mamalu o le Feagaiga Fou	2 Korinito 3:4-7
KALATIA	
Fa'asaoloto mai le fa'asala o le tulafono	Kalatia 3:14-19
EFESO	
O le na te mafaia mea uma tatou te ole atu ai	Efeso 3:20
O le e fa'atumuina mai i lona tumu uma lava	Efeso 4:10
FILIPI	
O le na te fa'aatoa i o tatou manaoga	Filipi 4:19
KOLOSE	
Tumu atoa o le Tafatolu Paia	Kolose 1:19

O Iesu Keriso I Tusi Uma o le Tusi Paia

Tumuatoatoa o le itu Atua, e i totonu ia te ia.	Kolose 2:9
1 TESALONIA	
O lo tatou Tupu ua lata lona toe afio mai	1 Tesalonia 1:6-9
2 TESALONIA	
O le taui atu ma sui	2 Tesalonia 1:6
1 TIMOTEO	
Puluvaga i le va o le Atua ma tagata	1 Timoteo 2:5-6
2 TIMOTEO	
Fanau a Tavita	2 Timoteo 2:8-10
TITO	
O le Auauna fai uo i tagata uma	Tito 1:8
FILEMONI	
O le uo a e	Filemoni 1:10-11

O Iesu Keriso I Tusi Uma o le Tusi Paia

mafatia	
EPERU	
Toto o le feagaiga e faavavau	Eperu 10:16-25
IAKOPO	
O le Alii fa'amalolo ma'i	Iakopo 5:14
O le Alii e tumu i le mamalu	Iakopo 2:1
1 PETERU	
Fa'avae o le lalolagi	1 Peteru 1:18-20
2 PETERU	
Leoleo mamoe silisili ua lata lona fa'aali mai	2 Peteru 3:10
1,2,3 IOANE	
Alofa, Malamalama, Ola	1 Ioane 1:1-7

O Iesu Keriso I Tusi Uma o le Tusi Paia

IUTA	
O le Alii e afio mai ma le manomano o lana au paia	Iuta 1:14-15
FAAALIGA	
Leona o le aiga o Tavita	Faaaliga 5:4
Tupu o tupu ma le Alii o alii	Faaaliga 19:11-16

Vaega 18

Po ua e mautinoa o oe o le Kerisiano?

Po ua e mautinoa e oe o le Kerisiano

I le vaega mulimuli o lenei tusi, ua ou faaopoopo atu i ai se auivi faigofie e faavasega i le ta'ita'iina o tagata i le tatalo o le faaolataga pe afai e te lei faaolaina, e maua ai se la'asaga faigofie e 4-vaega e tau atu ai i le tatalo o le faaolataga.

O mea e te faia ina ia avea oe ma suli o le aiga o le Atua i le taimi nei:

1. **Fa'ailoa** lou manaoga fa'aleagaga. O a'u lava of le tagata agasala.
2. **Salamo** ma naunau e liliuese mai au agasala ae liliu atu i le Atua.
3. **Talitonu** o Iesu Keriso na maliu ma toe tu mai e totogi a tatou agasala.
4. **Talia** e ala i le tatalo, talia le Alii o Iesu i lou loto e avea ma ou Alii ma Fa'aola.

Fa'ata'ita'i le tatalo lea i le fa'atuatua, o lau lava tatalo.

"Le Alii e Iesu Keriso, ua ou sau ia te oe, auā ua ou iloa, o a'u lava le tagata agasala. Oute faafetai, auā na e maliu ma toe tu mai, e faaola ia te a'u. Ua ou salamo nei, ma liliu ese mai a'u agasala uma lava. Oute tatala atu lo'u nei loto,

Po ua e mautinoa e oe o le Kerisiano

afio mai ma afio tumau ai, faamolemole faaola, fa'amalolo, ma faasaoloto mai a'u. Fa'afetai Iesu auā ua ou mautinoa, ua e faaola, fa'amalolo ma fa'asaoloto ia te a'u. Ua ou mautinoa foi, o le lagi o lo'u nuu moni lea. Viia le Atua, Amene".

Oute talitonu afai o oe o se tasi sa e fiafia e faitau lenei tusi, po'o fea lava e te alala ai ae po'o ai foi lou suafa, ua e faia se filifiliga ma'oti mo le Atua e ala i lou tataloina o le tatalo pei ona ta'ua i luga. Oute fa'ailoa atu ia te oe e aunoa ma se masalosalo, e tusa lava pe ta te le feiloai i le tino lenei afai ta te mulimuli ia Iesu seia afio mai o Ia, oute faapea atu, oute vaai ia te oe i le lagi.
Manatua toe upu o le mavaega o le faiga uo a Tavita ma Ionatana ina o le a faamavae mo le taimi mulimuli ina ua uma ona fesuia'i a la au upega o le taua, **ia iai Ieova i lo ta va seia ta toe feiloai.**

O le tatalo a le Auauna na tusia lenei tusi ma le tinā ae maise le aiga atoa ma le aufaigaluega, ia matua faatutumu ma fa'aatoa atu e le Atua ona manuia e tusa ma le faula'i o lona tamaoaiga i le lagi e ala ia Keriso Iesu.

Po ua e mautinoa e oe o le Kerisiano

www.ingramcontent.com/pod-product-compliance
Lightning Source LLC
Chambersburg PA
CBHW051439290426
44109CB00016B/1619